Bernd Hallmann

Die Lahn erradeln

FSC
www.fsc.org
MIX
Papier aus verantwortungsvollen Quellen
FSC® C014138

Product footprint
CO_2 Neutral
PBN-CFMCP-015258
www.preferredbynature.org

Der Umwelt zuliebe nicht in Folie verpackt.

Impressum

1. Auflage

Satz: Bruno Dorn, Societäts-Verlag
Umschlaggestaltung: Bruno Dorn, Societäts-Verlag
Druck und Verarbeitung: Finidr Printing House
Printed in EU 2024
ISBN 978-3-95542-474-9

Besuchen Sie uns im Internet:
www.societaets-verlag.de

Bernd Hallmann

DIE LAHN ERRADELN

Die schönsten Fahrradtouren

societäts\verlag

Tourenüberblick

Einleitung _ S. 7

Die Lahn und ihre Quellen _ S. 10

1 **Es war einmal ein Bach**
Lahnquelle bis Bad Laasphe **_ S. 17**

2 **Auf dem Weg ins Auenland**
Bad Laasphe bis Elmshausen **_ S. 29**

3 **Ein Haufen Geschichte**
Elmshausen bis Marburg **_ S. 40**

4 **Packt die Badesachen ein**
Marburg bis Wißmarer See **_ S. 55**

5 **Ein Fenster zur Lahn und andere optische Highlights**
Wißmarer See bis Wetzlar **_ S. 66**

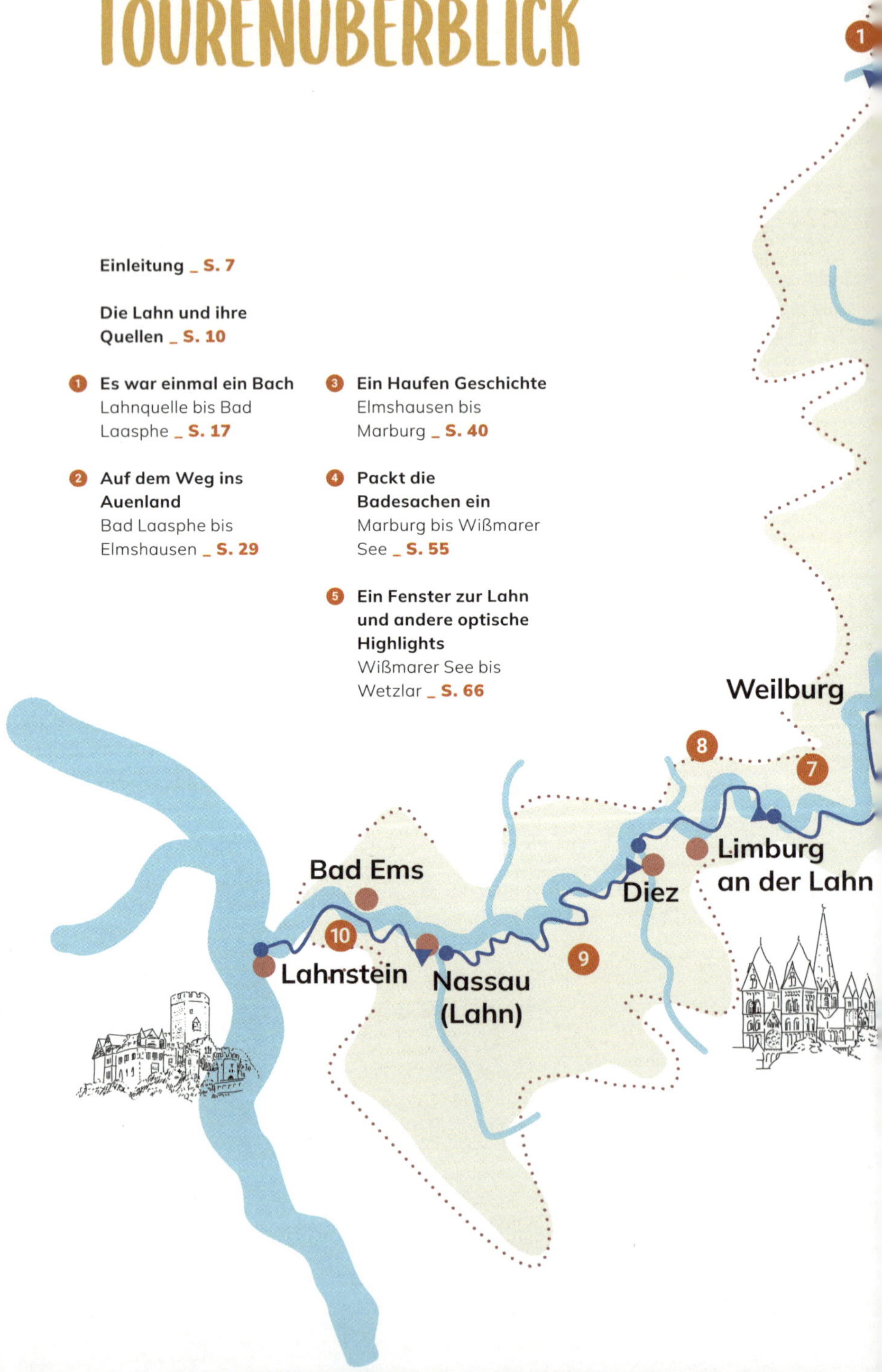

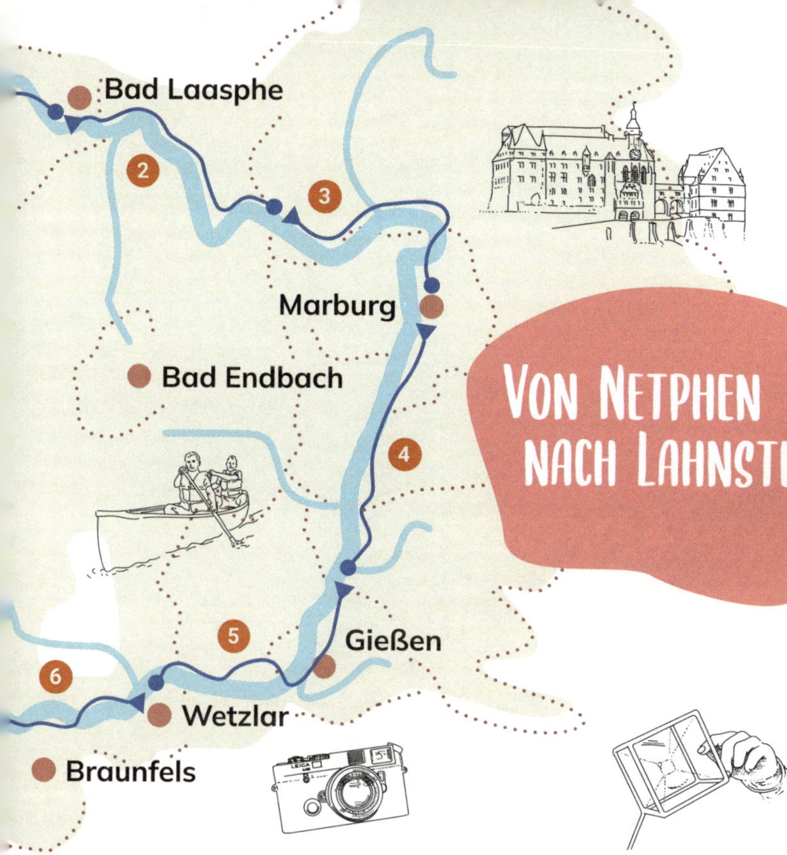

Von Netphen nach Lahnstein

6 **Von Bergbau, Heilwasser und Märchenschlössern**
Wetzlar bis Weilburg
_ S. 90

7 **Die wildromantische Lahn**
Weilburg bis Runkel
_ S. 111

8 **Ein Juwel an der Lahn**
Runkel bis Diez _ S. 123

9 **Blauer Burgunder und ein Namensvetter von den Bahamas**
Diez bis Nassau
_ S. 139

10 **Klein Nizza und kein Ende der Geschichten**
Nassau bis Lahnstein
_ S. 151

Autor _ S. 165
Danksagung _ S. 167
Bildnachweis _ S. 176

Die junge Lahn sprudelt als quirliger klarer Bach durch üppige Wiesen im südöstlichen Rothaargebirge.

EINLEITUNG

Die Lahn ist weder einer der größten Flüsse Deutschlands. Wirklich nicht ... noch der wildeste. Einer satten Schlange gleich windet sich die Lahn gemächlich durch ihr Bett und die Landschaft links und rechts des Flusslaufs hinterlässt, auch dank zahlreicher Renaturierungsmaßnahmen, einen ursprünglichen Eindruck. Die Lahn ist verspielt, ein bisschen selbstverliebt, sie protzt oder kokettiert nicht, will nichts anderes sein als ein beschaulicher Fluss, umgeben von facettenreicher Natur, flankiert von beschaulichen bis beeindruckenden Ortschaften, und überall erahnt und atmet man einen Hauch bewegter Geschichte. Das Lahntal ist ein Ort, perfekt geeignet für spontane Fluchten vorm Alltag, spannend für kleine und große Entdecker, ob zu Fuß, zu Wasser oder, wie in unserem Fall, vom Sattel eines Fahrrades aus. Von der Quelle bei Netphen im Südteil des Rothaargebirges bis zur Mündung in den Rhein im rheinischen Schiefergebirge in Lahnstein fahren wir durch die Bundesländer Nordrhein-Westfalen, Hessen und Rheinland.

Der Lahnradweg eignet sich auch hervorragend für Familien mit Kindern, die unbeschwert und ohne aufwändige Streckenplanung eine Fahrradreise unternehmen möchten. Die Route ist gut ausgeschildert und man findet entlang der Lahn zahlreiche Unterkünfte in jeder Preisklasse, vom Campingplatz bis zu gehobener Hotellerie. In den Sommermonaten, und hier besonders in den Ferienzeiten, kann es aber Sinn machen, im Vorfeld der Reise zu buchen. Wer es sportlicher mag, fährt den Lahnradweg in seiner vollen Länge als landschaftlich reizvolle, anspruchsvolle Tagestour. An das Material werden keine besonderen Ansprüche gestellt, da der Weg, bis auf einige Kilometer gleich zu Beginn der

Tour, weitestgehend befestigt ist. Sie können sich ganz auf die Sie umgebende Landschaft konzentrieren, deren Stille atmen oder Ihren Gedanken nachhängen, und das auch noch frei von der Gefahr, einem Pkw zu begegnen. Der Radweg führt über weite Strecken abseits von Bundes- oder Landstraßen direkt an der Lahn entlang, der Fluss ist dabei Richtschnur und Orientierungshilfe zugleich. Gelegentliche Ortsdurchfahrten lassen sich natürlich nicht vermeiden und an anderen Stellen werden Sie Autostraßen kreuzen. Hier sollten Sie, wie immer im Straßenverkehr, besondere Vorsicht walten lassen. Achten sollten Sie auch auf den Gegenverkehr durch andere Radfahrende auf dem Radweg oder kreuzende Wassersportler. Nicht selten blockiert auch mal ein Kanu die freie Fahrt. Auch andere Menschen suchen Erholung und Rücksicht fährt immer vor.

Sind Sie bereit, aufzusatteln und das Abenteuer Lahn selber zu erleben? Die meistens flachen 250 Kilometer des Lahnradwegs sind aufregend kurzweilig. Geschichtsträchtige Orte, eingebettet in viel Natur, warten nur darauf, ihre Geheimnisse mit Ihnen zu teilen. Lassen Sie sich überraschen, wie vielfältig eine Landschaft sein kann. Der Lahnradweg ist ein Genuss auf ganzer Strecke und man kann immer etwas Neues entdecken.

Frei nach dem Motto »Erlebnis statt Ergebnis« war es mir wichtig, die Etappen dieses Reiseführers kurz, wenn möglich nicht länger als 35 Kilometer, zu halten, damit Sie immer noch genügend Zeitpuffer für Besichtigungen, eine spontane Einkehr oder ungeplante Ereignisse haben. Natürlich steht es Ihnen frei, Etappen nach Ihren Vorlieben zu gestalten und Ihrem Fitnessstand entsprechend anzupassen.

Es würde mich sehr freuen, wenn dieser Reiseführer Ihre Lust wecken würde, das Abenteuer Lahnreise selber zu erleben. Folgende URL sollten Sie sich unbedingt merken oder, besser noch, speichern: **www.daslahntal.de.**

Übersichtlich gegliedert finden Sie dort hilfreiche Informationen für die Planung Ihrer Reise. Aber auch wenn Sie bereits unterwegs sein sollten und z. B. eine E-Bike-Ladestation, eine Werkstatt oder eine Unterkunft suchen, finden Sie diese in der Rubrik ›Service rund ums Rad‹. Es kann hin und

Die Lahn und ihre Quellen.

wieder vorkommen, dass Teile des Radweges witterungsbedingt oder aus Gründen der Instandhaltung sowie wegen lokaler Feste gesperrt werden müssen. In der Regel werden in diesen Fällen Umleitungen eingerichtet. Informationen zu an- oder bestehenden Sperrungen sowie Störungen im Betrieb der Lahntalbahn verbergen sich hinter dem Reiter ›Aktuelle Infos‹.

Genug der Vorrede, auf zur Lahn. Ich wünsche Ihnen allseits eine sichere Fahrt, viel Vergnügen und lassen Sie sich überraschen.

Bernd Hallmann

Mit Sack, Pack und Hund im Lastenrad ging es 2020 das erste Mal als Familie an die Lahn.

DIE LAHN UND IHRE QUELLEN

WIE WIR ZUR LAHN KAMEN

In den Sommermonaten des Jahres 2020 wurde unsere Urlaubsplanung durch die anhaltende Pandemie und zahlreiche Lockdowns erschwert. Campingplätze und Hotellerie waren geschlossen oder nur eingeschränkt nutzbar. Die Lösung für uns war daher, eine Radtour in das nähere Umland zu unternehmen, und die Lahn war bereits eine alte Bekannte. Irgendwie zieht mich dieser Fluss magisch an. An der

Lahn gelegene Ortschaften dienten mir oft als Ziel für Tagesausflüge auf dem Rennrad. So kam es, dass ich vorschlug, man könne ja eine Radtour dem Flusslauf folgend unternehmen. Unser Sohn war damals zehn Jahre alt und schon ein erfahrener Radfahrer. Nach kurzer Internetrecherche fanden sich einige Beherbergungsbetriebe, die unter Auflagen geöffnet hatten. Schnell wurde klar, dass ich den Großteil des Gepäcks und den Hund würde transportieren müssen, denn der sollte natürlich mitkommen.

Das Lastenrad also ... nur wie damit zur Quelle kommen? Die Beförderung von Lastenrädern ist in Zügen der Deutschen Bahn generell ausgeschlossen. Damit war aber auch klar, dass wir nicht an der Lahnquelle würden starten können, sondern an dem unserem Wohnort nächstgelegenen Punkt an der Lahn. Das war in unserem Fall Gießen. Der Rest ist schnell erzählt. An einem Morgen im August 2020 machte ich mich mit dem Hund und sämtlichem Gepäck in der Transportbox meines Lastenrads auf den Weg nach Gießen, traf mich dort mit dem per Bahn und Rad anreisenden Rest der Familie, und ein großes Hallo-und-Hurra später waren wir auf unserem Weg, der uns damals bis zur Loreley führte, was aber eine andere Geschichte ist, die man in meinem Blog nachlesen kann. Uns war aber klar, dass wir wiederkommen und dann auch an der Quelle starten würden. Und das taten wir!

DER WEG ZUR QUELLE

Die Anreise zur Lahnquelle ist eigentlich unkompliziert, gleich mehrere Bahnhöfe liegen in ihrer Nähe, der örtlich nächste in Feudingen. Unser Zielbahnhof! Auch ohne Hund im Schlepptau wählte ich das Lastenrad, ein Testrad der Cargo Bike Monkeys aus Münster, und im Gegensatz zu meinem eigenen Lastenrad war der ›Affe‹ ein Rad ohne elektrische Trethilfe. Jetzt kann man sich fragen, warum ich eine Zugfahrt mit dem Lastenrad wagte im Wissen, dass das nicht gestattet ist?! Nur Versuch macht kluch? Oder hatte ich Lust auf ein Experiment, nach dem Motto: Wie weit komme ich, bevor mich ein Bahnmitarbeiter aus dem vielleicht noch fahrenden Zug wirft? Nichts von alledem ... die Wahrheit ist trivial. Es bot sich schlicht keine andere Möglichkeit der Anreise an und auch die Nutzung des Lastenrads war alternativlos, da ich wieder den Lastesel mimen sollte, denn Frau und Kind wollten (und mussten) mit dem Mountainbike bzw. Rennrad fahren, und diese hatten weder Gepäckträger noch hatten wir genug Satteltaschen, um sie damit auszustatten. Ich kaufte also gleich vier Fahrradkarten, je eine für die Fahrzeuge der Familie und zwei für das Lastenrad. Und dann ging es auch schon zum Bahnhof.

Ach Deutschland, deine Bahnhöfe ... meistens unansehnlich und leider selten barrierefrei. Aber es half ja nichts, die Räder und wir mussten zum Bahnsteig. Mit dem Renner und dem MTB kein Problem. Das Lastenrad samt Gepäck Treppen auf und ab zu tragen schien mir aber doch des Guten zu viel. Also brachten wir erst die Räder und Gepäck von Frau und Kind zum Bahnsteig, dann im Spurt zurück zum Lastenrad, um das mit 18 Kilo zwar leichte, aber nicht eben handliche Lastenrad über die Treppen zu bugsieren, in der Hoffnung, im Radabteil des Zuges ausreichend Platz vorzufinden, um 250 cm Aluminium zu parken. Soweit klappt alles und auch die Bahnmitarbeiter drücken ein Auge zu. Natürlich wurde ich auf die Beförderungsbedingungen hingewiesen, aber alles im netten Plauderton. Und das Beste war: Mein Rad und ich durften bleiben. Danke dafür an dieser Stelle.

Einen Umstieg und einige Treppen später erreichten wir so sehr entspannt Feudingen. Das Wetter war durchwachsen, es regnete mal mehr, mal weniger. Trotzdem entschieden wir uns, aufzusitzen und die ca. 11 Kilometer bis zum Forsthaus Lahnquelle, unserer Unterkunft der ersten Nacht, aus eigener Kraft zurückzulegen. Das kann man tadellos über den Lahnradweg bewerkstelligen, der ebenfalls durch Feudingen führt, den wir aber am Folgetag in entgegengesetzter Richtung befahren haben. Es blieb noch der Weg über die Landstraße L719. So ließen sich auch die satten 260 Höhenmeter leichter verdauen, die das Forsthaus hö-

Am frühen Morgen hat man in dieser dünn besiedelten Gegend nichts zu erwarten – bis auf absolute Stille und unverbaute Weitblicke.

her liegt als der Bahnhof in Feudingen. Wie sich später herausstellte, hätte uns auch ein Mitarbeiter des Forsthauses Lahnquelle abholen können. Und laut Internetrecherche gibt es auch im Vorfeld buchbare Taxen, die Reisende vom Bahnhof Feudingen nach Lahnhof bringen. Wer also noch nicht aus eigener Kraft zum Start des Lahnradweges aufbrechen möchte, möge die genannten Alternativen probieren und mir davon berichten.

Leicht feucht bis pitschnass erreichten wir nach 45 Minuten besagtes Forsthaus, welches eingebettet in Kuhweiden direkt am Quellteich liegt. Der Himmel war wolkenverhangen und regenschwer, doch die Aussicht auf besseres Wetter am nächsten Tag ließ keine schlechte Stimmung aufkommen.

DIE QUELLE DER LAHN

Über den Ursprung der Lahn, vielmehr über die eigentliche Quelle, tappte man lange Zeit im Dunkeln. Heute geht man davon aus, das sich der ›Lahntopf‹ genannte Quellteich aus sieben unterirdischen Zuläufen speist.

TIPP — In der Nähe der Lahnquelle finden sich auch die Quellen von Sieg und Eder, die beide ebenfalls einen Besuch wert sind! Die drei Quellen lassen sich am besten im Rahmen einer Rundtour erleben.

Der Sage nach lebten in dieser Gegend einst Riesen und einer von ihnen, ein besonders bösartiger Kerl mit Namen Geon, brachte an eben diesem Lahntopf die kleine Tochter des Grafen von Wittgenstein in seine Gewalt, als sie ihren Gedanken nachhängend am Wasser verweilte. Warum er das tat? Wir wissen es nicht. Was aber folgte, war eine lange bewaffnete Auseinandersetzung, die schließlich zum Sieg des Grafen über den Riesen führte.

Von so viel Dramatik ist heute nichts mehr zu spüren, ganz im Gegenteil. Der Lahntopf lag am Tag unserer Abfahrt friedlich vor uns, eingehüllt in den goldenen Schein der Morgensonne, als wir unsere Räder aus dem Schuppen des Forsthauses Lahnquelle schoben. In der Hoffnung auf einen grandiosen Sonnenaufgang war ich schon sehr früh aufgestanden und, wie einst des Grafen Tochter vermutlich, um den kleinen Weiher herumgeschlichen. Die Sonne ging auf, wurde aber von einigen Quellwolken verdeckt. Als diese sich jedoch dazu entschlossen weiterzuziehen, tauchte flach einfallendes Sonnenlicht, das sich durch das Blätterdach der den Teich umgebenden Bäume seinen Weg bahnte, alles in goldenes Licht. Wie anders sah es nun hier am Rand des Weihers aus, verglichen mit dem Vortag. Es war so schön, dass man eigentlich gar nicht weg wollte. Die beinahe absolute Stille wurde nur von gelegentlichem Muhen der Kühe auf der benachbarten Weide unterbrochen. Die Landschaft, ein Mix aus sanften Hügeln, saftigem Grün und vereinzelten Bäumen, machte es leicht, sich hier wohlzufühlen.

Wenn es Ihnen hier so geht wie uns, würde ich sagen: Bevor wir nun aber allzu heimisch werden, satteln wir auf.

Tatsächlich sieht man in der Nähe der Quelle mitunter mehr Kühe als Menschen.

Feudingen

Lahn

Volkholz

Tourverlauf

Lahn

19 km
140 m
1:30 Stunden
Mit Kindern unterwegs

ES WAR EINMAL EIN BACH

Lahnquelle bis Bad Laasphe

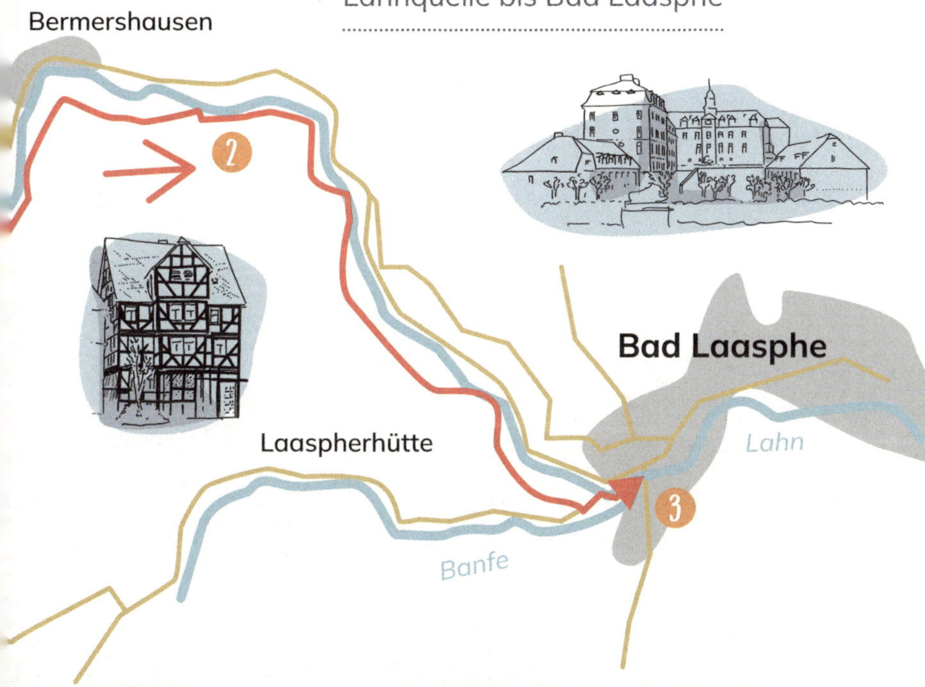

Auch wenn die erste Etappe etwas holprig beginnt, lohnt sich der Einstieg direkt ab der Quelle. Sie werden mit der fast ursprünglich zu nennenden sanften Hügellandschaft des Naturparks Sauerland-Rothaargebirge belohnt. Und je nach Jahres- oder Tageszeit begegnen Sie dabei keiner Menschenseele. Spätestens in Bad Laasphe hat die Einsamkeit aber ein Ende. Das beschauliche Fachwerkstädtchen bietet mehr, als sich auf den ersten Blick vermuten lässt.

Im Quellgebiet der Lahn erwarten Sie vor allem viel Natur und Ruhe.

HÖHENPROFIL LAHNQUELLE → BAD LAASPHE

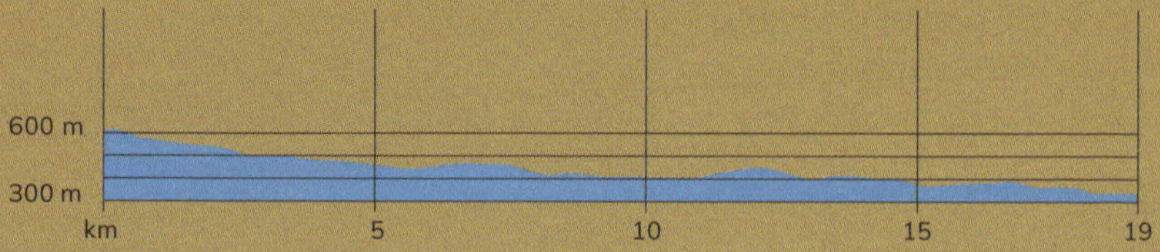

Viel Natur auf den ersten Metern im Naturpark Sauerland-Rothaargebirge.

Wir starten direkt am **Quellteich** und folgen für 300 Meter der Landstraße, bevor wir links in einen Feldweg abbiegen. Vorm Verlassen des Forsthauses hatte man uns noch geraten, den Lahnradweg erst ab Feudingen zu befahren, denn die ersten Kilometer ab der Quelle seien eigentlich nicht fahrbar. Viel zu steil und unbefestigt. Das sei lebensgefährlich und mit einem Lastenrad ganz sicher nicht zu bewerkstelligen. Vom Rennrad ganz zu schweigen. Im Allgemeinen gehe ich aber davon aus oder vielmehr hoffe ich, dass Menschen mit der Planung eines Radwegs betraut sind, die selber Radfahrer sind. Und die meisten Tipps basieren auf subjektiven Erfahrungen, nach dem Motto: Ich könnte (oder möchte) dies oder das nicht, also können (oder möchten) es auch andere nicht. Ein Feldweg ist, aus Gründen, die nur Radfahrer kennen, die täglich auf dem Rad unterwegs sind, einer Landstraße vorzuziehen.

Der Weg, der uns erwartet, vielmehr ein Stück des Weges, ist tatsächlich grob geschottert und sein Gefälle von bis

Die noch junge Lahn in ihrer Kinderstube.

zu acht Prozent im oberen Teil ist nicht flach. Dennoch ist er gut fahrbar, sogar mit dem Rennrad. Jedoch würde ich Kinder nicht vorausfahren lassen, denn schnell ist schnell zu schnell. Regen hat auf seinem Weg ins Tal mehrere Kilo des groben Schotters abgetragen und Rinnen und Furchen hinterlassen. An anderen Stellen häuft sich Schotter zu kleinen Hindernissen. Mit zwei Fingern an den Bremsen und offenen Augen geht aber alles gut.

Wir folgen dem Lauf der noch jungen Lahn, die ihre Reise im südlichen Rothaargebirge als kleiner Bach beginnt, der munter und voller Tatendrang seinen Weg ins Tal sucht. Es ist der landschaftlich ursprünglichste Teil und dünn besiedelt. Vor allem im Vergleich zum Rhein-Main-Gebiet, wo man aufpassen muss, dass man nicht unversehens über jemandes Hausschuhe stolpert. Auf weiten, saftig-grünen Hangwiesen grasen im Sommer Schafe und der Bach ist
1 gesäumt von Wild- und Sumpfdotterblumen. Alles summt und blüht. Für schattige Plätze sorgen Pappeln, Weiden und Eichen.

Viel pedalieren muss man nicht, auf der ersten Etappe bis Bad Laasphe. Der Weg führt mal mehr, mal weniger sanft bergab.

FOTO TIPP

Im Sommer ist der Hahnenfuß auf den Wiesen im Quellgebiet allgegenwärtig.

Wer mit Familie verreist, muss sorgfältig packen oder nimmt ein Lastenrad.

Nach knapp drei Kilometern erreichen wir **Glashütten** und rollen auf Waldwegen weiter Richtung **Feudingen.** Viel Kraft benötigt man nicht, denn die ersten Kilometer des Radwegs führen stetig bergab. Dieses vergleichweise starke Gefälle, Sandbänke und Felsbrocken verhinderten in der Vergangenheit eine durchgängige Befahrung der Lahn. Jedoch wurde sie schon von den Römern genutzt, um verschiedenste Güter zu transportieren. Die Nutzbarkeit wurde allerdings eingeschränkt, als man im Mittelalter begann, eine große Zahl von Mühlen und Wehren zu errichten. Letztere, um die Wasserversorgung der Mühlen zu gewährleisten.

TIPP — Fahrradservicestation Bad Laasphe liegt direkt am Lahnradweg zwischen der Pausenstation und Innenstadt Bad Laasphe.

Eine Mühle der besonderen Art ist die **Wahlbachsmühle** direkt am Lahnradweg kurz vor **Saßmannshausen.** Dort erwartet uns eine willkommene Überraschung in Form einer familiär betriebenen **Pausenstation.** Radreisende und Wandernde dürfen sich hier gegen eine Spende direkt aus einem im Hof stehenden Kühlschrank bedienen. Vor dem hübschen 2

SEHENSWERT — Im weiteren Verlauf des Radwegs liegt linkerhand der **Widukind Felsen**, dem die Region Wittgenstein ihren Namen verdankt. Dort wacht das ehemalige **Residenzschloss** der Grafen von Wittgenstein über Bad Laasphe. Die unregelmäßige Dreiflügelanlage des Schlosses beherbergt heute eine Realschule, ein Gymnasium und ein Internat. Es wird aber auch für Seminare, Workshops und Tagungen genutzt.
→ **www.schlosswittgenstein.de**

Fachwerkhaus bieten rustikale Sitzgelegenheiten einen Platz an der Sonne, und obwohl wir erst wenige Kilometer gefahren sind, nehmen wir die Einladung gerne an.

Unser ehemals kleiner Bach präsentiert sich hier als ungestümer Teenager, denn im oberen Verlauf nimmt die Lahn einige Zuflüsse (Nebenflüsse) auf, wie zum Beispiel

Schon bald nach dem Start erleben wir die Lahn als ungestümen Teenager.

Ilse, Banfe oder Laasphe. Der Kurort, durch den wir nun fahren, verdankt dem zuletzt genannten Bach seinen Namen: **Bad Laasphe.** Der kleine Ort war im Mittelalter die Residenzstadt der Grafen von Wittgenstein. Laasphe leitet sich vom vermutlich keltischen Ursprung ›Lassaffa‹ ab, was so viel wie ›Lachsgewässer‹ bedeutet.

TIPP — Wie wäre es mit einer Nacht im Schloss? Das Schloss Wittgenstein bietet Einzel- und Doppelzimmer mit der Möglichkeit der Aufbettung. Alle Infos unter: → **www.schlosswittgenstein.de**

Die historische Altstadt mit ihren hübschen Fachwerkhäusern weiß zu gefallen, und wer nach den ersten 20 Kilo-

Damit Sie nicht vergessen, welchem Fluss Sie folgen …

BRAUEREI BOSCH/BRAUEREI-FÜHRUNGEN — Erleben Sie den Brauprozess mit allen Sinnen und erfahren Sie mehr über traditionelle Braukunst in der historischen Handwerksbrauerei.
Brauerei Bosch GmbH & Co. KG
Steinackerstr. 15, 57334 Bad Laasphe
Tel.: 02752 47620
→ **www.brauerei-bosch.de**

metern hungrig ist, wird hier fündig werden. Aber Bad Laasphe bietet mehr als beschauliches Fachwerk und einladende Cafés. Seit 1705 wird in Bad Laasphe zum Beispiel Bier gebraut. Für die feinen Biere der **Handwerksbrauerei Bosch** wird ausschließlich Naturhopfen und kein Hopfenextrakt verwendet. Und statt einer Schnellreifung, wie sie bei industriell gebrauten Bieren üblich ist, gönnt man dem flüssigen Brot je nach Sorte sechs bis zwölf Wochen Zeit für Gärung und Reifung. Ein Unterschied, den man schmeckt. Wer mehr über die Brauerei und den Brauvorgang erfahren möchte, schließt sich am besten einer Brauereiführung an.

3 Im Anschluss bietet sich ein Besuch der **Lahnterrasse** an – ein wunderbarer Ort zum Entspannen und Durchatmen. Wer mag, lässt hier die Seele baumeln.

Durchatmen auf der Lahnterrasse.

Hotel / Pension / Unterkunft:
Campingplatz Laasphetal
Wasserstr. 66, 57334 Bad Laasphe
Tel.: 02752-6490
www.camping-laasphetal.de

Pension Klein
(Einfache, zweckmäßige und saubere Zimmer, Fahrradgarage)
Ditzroder Weg 18, 57334 Bad Laasphe
Tel.: 02752-6120
www.pension-klein.com

HEIMATMUSEUM BANFETAL — Das Heimatmuseum Banfetal ist ein lebendiges Museum mit hohem Erlebniswert. Die umfangreiche Sammlung auf über 800 m² Ausstellungsfläche lässt die Kultur und Geschichte des Wittgensteiner Landes anschaulich und hautnah erlebbar werden.
Banfetalstr. 115
57334 Bad Laasphe-Banfe,
Innenstadt Bad Laasphe

DRUCKEREI ERNST SCHMIDT — Die alte Druckerei mit ihrer voll funktionstüchtigen Einrichtung bietet spannende Einblicke in die Satz- und Drucktechnik der vergangenen Jahrhunderte, wie Bleisatz, Tiegel- und Zylinderdruck. Besuchergruppen können nach Terminvereinbarung eigene Drucke erstellen. Bahnhofstraße 41, 57334 Bad Laasphe, Tel.: 02752-15259

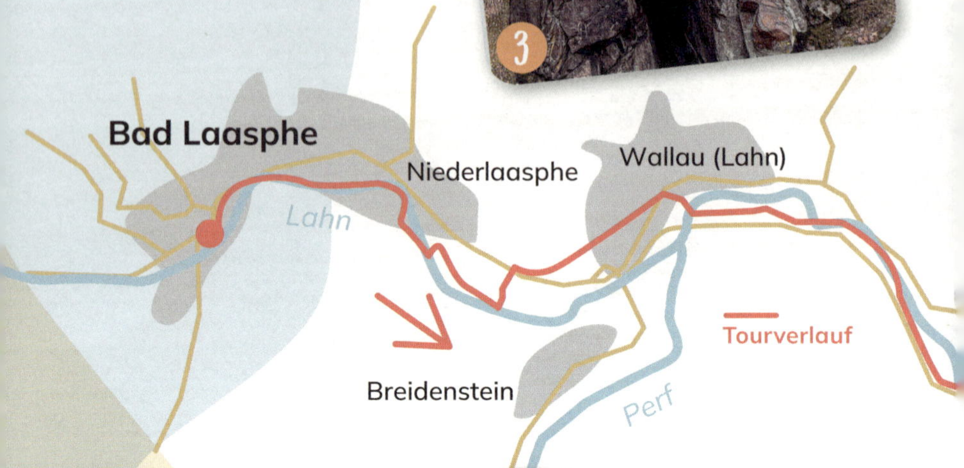

- 26 km
- 120 Höhenmeter
- 1:30 Stunden
- Für Neugierige & Entdecker

AUF DEM WEG INS AUENLAND

Bad Laasphe bis Elmshausen

Auf dieser Etappe ändert das Lahntal sein Gesicht. Wir lassen Nordrhein-Westfalen hinter uns, überqueren die Grenze zu Hessen und folgen der Lahn nun auf ihrem 165 Kilometer langen Weg durch Hessen zwischen Westerwald und Taunus. Zunächst noch wildromantisch, werden die Wälder später lichter und die Felder weiter. Vorher aber säumen die Berge des hessischen Eisenlands unseren Weg ins Auenland, wo wir statt Hobbithöhlen Wichtelhäuser bestaunen können.

Gut möglich, dass Sie die Wege im Naturpark Sauerland-Rothaargebirge ganz für sich alleine haben.

HÖHENPROFIL BAD LAASPHE → ELMSHAUSEN

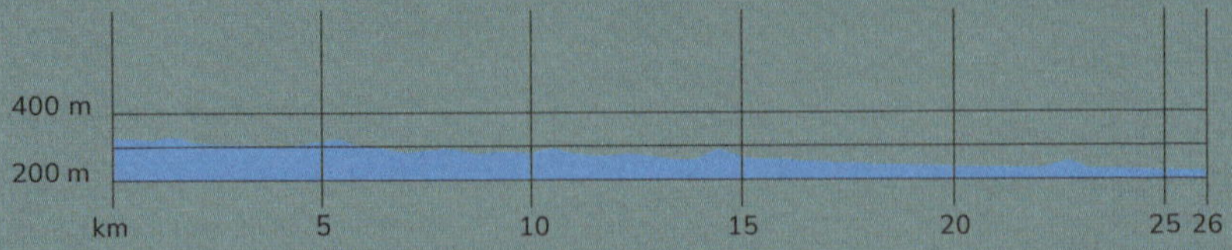

Wer träumt nicht von einem Häuschen im Grünen?

Im Quellgebiet der Lahn hat man die Wege je nach Jahreszeit und Wetter fast für sich alleine. Das ändert sich mit zunehmender Dichte der Besiedlung. Man begegnet immer häufiger anderen Erholungssuchenden. Erst recht bei gutem Wetter. Familien mit Kindern auf Laufrädern, rüstigen Herren auf ultraleichten Rennrädern und auch immer wieder anderen Radreisenden – Sie sollten also das ein oder andere ›Hallo‹ oder ›Guten Tag‹ im Gepäck haben. Wenn der Wind kräftig aus der richtigen Richtung bläst und Mutter Natur quasi Anschubhilfe leisten möchte, können Sie sich ganz entspannt treiben lassen und überqueren kurz vor **Wallau** die Landesgrenze zu Hessen. 1

Einige Kilometer weiter thront linkerhand das **Schloss Biedenkopf** auf dem 386 Meter hohen Schlossberg.

Und natürlich, wie soll es anders sein, keine Burg ohne Geist. Der Sage nach spukt Landgraf Heinrich II. als ›Eiserner Heinrich‹ durch das Gemäuer. Und bevor dieser unverhofft sein Gemäuer verlässt, um harmlose Radfahrende zu erschrecken, setzen wir unsere Fahrt lieber fort.

Noch schlängelt sich die Lahn durch eine bewaldete Hügellandschaft. Links und rechts des kleinen Flusses liegt hier Berg neben Berg, als hätte ein Kind einen Sack sehr

SCHLOSS BIEDENKOPF — Das Schloss Biedenkopf wurde 1254 das erste Mal urkundlich erwähnt und ist in seiner heutigen Form die einzige als Steinbau unzerstörte Burg im Hessischen Hinterland. Nördlich der heutigen Anlage wurden bei Ausgrabungen Fundamente gefunden, die zu einem Vorgängerbau des heutigen Schlosses gehört haben könnten. Das noch sichtbare Ensemble befindet sich auf der Südseite des Berges, seit Landgraf Otto I. von Hessen die Burg 1296 nach »forne uff den Berg« verlegte, nachdem der hintere nördliche Teil der Anlage im Zuge von Streitigkeiten zwischen Landgraf Heinrich I. und seinen Söhnen Otto und Heinrich zerstört worden war. In den folgenden Jahrhunderten verlor die Burg nach und nach an Bedeutung, diente eine lange Zeit sogar als Getreidespeicher (1577 – 1842), wurde teilweise zerstört bzw. abgetragen und erst 1843 bis 1847 unter Großherzog Ludwig II. von Hessen-Darmstadt wieder instand gesetzt und im Geist des romantischen Historismus umgebaut.

großer Murmeln ausgeschüttet. Und diese Hügel tragen eindrucksvolle, mitunter aber auch lustige Namen. Da sind zum Beispiel der **Höllenstein** (546 m), der **Butzeberg** (560 m), die **Faule Seite** (533 m) oder die **Puderburg** (619 m). Es gibt auch einen **Enten-** sowie einen **Lausberg** (535 und 551 m). Einer der höchsten ist aber die **Sackpfeife** (674 m). Dort befand sich bis zur Saison 2017/18 sogar ein kleines Wintersportgebiet mit Sessel- und Schlepplift. Angesichts der Rückläufigkeit von Tagen mit nennenswerten Schneemengen im Zuge des Klimawandels wurde der Betrieb der Anlagen jedoch eingestellt. Dennoch finden sich rund um die Sackpfeife an schneereichen Tagen Rodler und Skilangläufer ein.

So wie die Lahn breiter, wird das sie umgebende Tal im **Naturpark Lahn-Dill-Bergland** weiter. Die einzigartige Landschaft hier ist auf ihre Art besonders und man kann durchaus ins Grübeln kommen, wenn man sich auf die Suche nach geeigneten Adjektiven macht, um dieses Fleckchen Erde zu beschreiben. Als Natur bezeichnet man gemeinhin das, was nicht von Menschen geschaffen wurde. Und besonders hier, am oberen Lauf des Flusses, trifft diese Definition zu. Dichte Vegetation säumt die Uferbereiche, das Wasser ist klar, der Fluss windet sich, sucht und findet seinen Weg. Wer sich auf seiner Reise die Zeit nimmt und einen Moment innehält, vielleicht sogar vom Rad steigt, um am Flussufer zu sitzen, wird sofort Teil einer lebhaften Stille. Das Wasser rauscht oder plätschert leise vor sich hin, es summt, das Zwitschern von Vögeln erreicht das Ohr. Es raschelt im Schilf, aus der Ferne ist Kinderlachen oder Hundegebell, manchmal auch Glockengeläut zu hören. Ein leichter Wind lässt die Äste in den Bäumen knacken.

Die Uferbereiche der Lahn sind oft naturbelassen.

Libellen schweben im Stillstand über der Wasseroberfläche, ein Silberreiher wartet geduldig auf sein Mittagessen, am cyanblauen Himmel ziehen langsam Wolken vorüber. Man sitzt, hört, sieht und spürt inneren Frieden. Momente wie diese sind in unserer schnelllebigen Zeit ein seltenes, heilsames und daher wertvolles Gut. Keine Instagram-Story, egal aus welchem Winkel der Welt, kann eine ähnliche Wirkung entfalten. »Willst Du immer weiter schweifen? Sieh, das Gute liegt so nah. Lerne nur das Glück ergreifen: Denn das Glück ist immer da.« Dieses Zitat von Johann Wolfgang von Goethe benutzte meine Oma gerne. Und auch oft. Ganz ohne Lifecoach hatte sie erkannt, was Vielen von uns oft verwehrt bleibt: Nicht die äußeren Umstände machen unser Glück aus. Es ist unser Blick auf sie, der in Erstaunen versetzen, ja, glücklich machen kann. Sei es nun genetische Veranlagung oder schlicht erlernt, wir tragen diese Eigenschaft in uns, sie muss nur hin und wieder aktiviert oder geweckt werden.

HISTORISMUS — Ein im späten 19. und frühen 20. Jh. verbreitetes Phänomen, bei dem Architekten und Künstler auf Stilrichtungen vergangener Jahrhunderte zurückgriffen. Bevorzugte Stile des romantischen Historismus waren Neugotik und Neorenaissance als subjektive Interpretationen.

Genug Spiritualität für den Augenblick, denn ein alter Ziegelbau bei **Buchenau** erregt unsere Aufmerksamkeit. Es

Nehmen Sie sich Zeit, einfach nur da zu sitzen und vor sich hin zu schauen.

handelt sich dabei um eine 1844 erbaute ehemalige **Eisenhütte.** Die Region an der oberen und mittleren Lahn galt als eines der wichtigsten Erzreviere des Deutschen Reichs und wurde als »Hessisches Eisenland« bezeichnet.

Das hier geförderte Erz musste selbstverständlich auch verarbeitet werden und vor einem stillen Zeugen dieser Industriekultur stehen wir nun. Gerne würde man sich hier ein bisschen umsehen, aber die Gebäude sind heute in privater Hand und man möchte eher ungern bei nachmittäglichem Kaffee und Kuchen stören.

Wer nach den knapp 25 gefahrenen Kilometern jetzt Hunger hat, kann getrost sein: Wir fahren noch etwas weiter und erreichen kurz darauf mit dem **Campingplatz Auenland** auch schon das Ziel dieser Etappe. Der kleine Platz, der uns auf dem Weg zur Quelle im Zug von einem Mitreisenden empfohlen wurde, liegt umgeben von viel Grün zwischen **Elmshausen** und **Kernbach** unweit der Bundesstraße (B62) direkt an der Lahn. Vom Radweg kommend sieht man den Platz rechterhand vor einem liegen. Ungefähr bei Kilometer 25,9 biegt man rechts ab in die Straße ›Zum Dammhammer‹. Wundern Sie sich nicht, wenn Ihnen auf dem Radweg an dieser Stelle Gespanne mit Wohnwagen oder Wohnmobile entgegenkommen. Diese nutzen den Radweg ebenfalls als Zufahrt zum Campingplatz.

EISENERZ — Bereits seit der Jüngeren Eisenzeit (etwa 450 v. Chr.) über das Mittelalter bis zur zweiten Hälfte des 20 Jh. wurde hier Eisenerz geschlagen und zu Eisen verarbeitet. Und nicht nur Eisenerz wurde gefördert, man konnte im Lahn-Dill-Gebiet eine ungewöhnliche Vielfalt an Erzen finden, darunter auch Kupfer-, Silber-, Blei-, Mangan- und andere Erze, sowie mineralische Rohstoffe. Insgesamt gab es 297 Eisensteingruben im Hessischen Hinterland.

Es gibt schlechtere Orte, sein Zelt aufzuschlagen. Wenn man Glück hat, ergattert man vielleicht sogar ein schattiges Plätzchen direkt am Fluss. An heißen Tagen, und besonders nach einem langen Tag auf dem Rad, gibt es doch nichts Schöneres als ein kühles Bad. Dafür gibt es auf dem Campingplatz sogar einen kleinen Pool. Oder wie wäre es mit einer Kanufahrt? Ohje, kein Kanu dabei? Kein Problem, diese können (leider aber nur samstags) ausgeliehen werden.

Und für diejenigen, die nicht hier übernachten, sondern »nur« zum Essen bleiben wollen: Auch das kann man hier

FOTO TIPP

Fotosafari an der Lahn.

2

sehr gut. Für Gaumen aller Art bietet das angegliederte Gasthaus frisch zubereitete Speisen mit Zutaten aus lokaler Produktion.

Die flachen Uferbereiche des Campingplatzes ermöglichen einen guten Blick auf alles, was sich in, über und auf der Lahn bewegt. Unter anderem tummeln sich hier Blauflügel-Prachtlibellen, die sich bestens als Fotomotiv eignen, wenn sie mit ausgebreiteten Flügeln auf einem Blatt sitzen.

Hotel / Pension / Unterkunft:
Campingplatz Auenland
Zum Dammhammer 2, 35094 Lahntal
Tel.: 06420-7172
info@campingplatz-auenland.de
www.campingplatz-auenland.de

Baum oder Troll, das ist hier die Frage.

FOTO TIPP

Auf den Felsen der Wichtelhäuser stehend den Sonnenaufgang im Lahntal fotografieren. Ganzjährig ein berauschender Anblick.

ABSTECHER 3

Wer im Anschluss noch Zeit und Lust hat, sollte sich auf den Weg nach **Brungershausen** machen, wo sich ein Besuch der **Wichtelhäuser** lohnt.

Die Felsformation befindet sich auf dem Südwesthang des Wollenbergs. Der Sage nach lebten im **Wollenberg** einst Wichtelmänner, die tagaus, tagein an nur ihnen bekannten Stellen im Berg nach Gold und Edelsteinen schürften, die sie dann mit den Menschen im Tal gegen Lebensmittel, Kleidung und Werkzeuge tauschten. Die Menschen jedoch forderten immer höhere Gegenleistungen und irgendwann verkauften sie den Wichteln keine Werkzeuge mehr, denn warum sollten die Wichtel einen Großteil der Schätze einbehalten, wenn man doch selber danach graben könnte? Das gefiel den Wichteln aber so wenig, dass sie, kaum zurück am Berg, anfingen, riesige Felsbrocken an den Stellen aufzutürmen, an denen sie vorher ihre Schätze ausgegraben hatten. Lediglich ein kleiner Spalt, der heute noch zu sehen ist, diente den Wichteln als Zugang/Öffnung ins Erdinnere, und einer nach dem anderen verschwand. Als nun die Wichtel nicht mehr ins Tal kamen, machten sich die Menschen auf zum Berg, um selber nach Gold zu graben. Dort entdeckten sie hohe Felstürme, die sie fälschlicherweise für die Häuser der Wichtel hielten. Der Zugang zu den Schätzen blieb ihnen aber für alle Zeiten versperrt.

Wer also hierherkommt, um nach Gold zu suchen, der wird enttäuscht werden. Ein Schatz der besonderen Art jedoch erwartet diejenigen, die mutig genug sind, auf eines der Wichtelhäuser zu klettern. Der wunderschöne Ausblick ins Lahntal ist mit Gold ohnehin nicht aufzuwiegen. Und wenn man besonders still ist, hört man unter Umständen leises Klopfen aus den Felsen.

Der Spalt, den die Wichtel nutzten, um ins Erdinnere zu verschwinden.

WEG ZU DEN WICHTELHÄUSERN: 2,7 km, 150 hm. Vom Campingplatz rechts haltend dem Radweg folgen, nach ca. 880 Metern links die Bahngleise und die B62 kreuzen. Von der Laaspher Straße in Brungershausen die erste rechts und ab dort der Beschilderung ›Wichtelhäuser‹ folgen.
Hinweis: Ab Brungershausen führt der unbefestigte Weg relativ steil bergauf. Allgemein befand sich der Weg nach den Regenfällen der Wintersaison 23/24 in einem schlechten Zustand. Für Kinder mit Fahrrädern eher nicht zu empfehlen.

EIN HAUFEN GESCHICHTE

Elmshausen bis Marburg

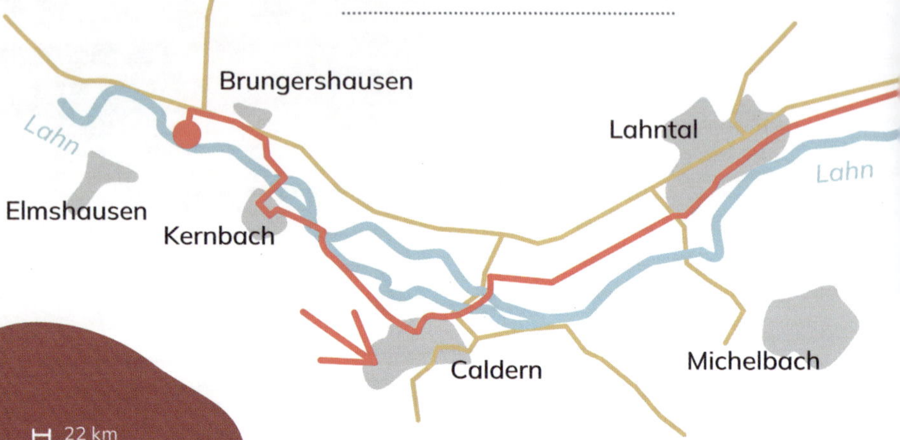

- 22 km
- 80 Höhenmeter
- 1:30 Stunden
- Kultur, Natur & Genuss

Das Ziel der dritten, sehr flachen Etappe ist die Universitätsstadt Marburg. Mit etwas Glück können wir auf dieser Strecke Eisvögel sichten. In Marburg erkunden wir anschließend die geschichtsträchtigen und märchenhaften Wege der Wiege Hessens und profitieren von den gastronomischen Angeboten einer studentischen Kleinstadt.

Wetschaft
Goßfelden
Cölbe
Ohm
Lahn
Wehrda
Tourverlauf
Marbach
3
2
1
Marburg

Unser Weg führt uns durch mehrere Naturschutzgebiete, die Lebensraum für bestandsgefährdete Tier- und Pflanzenarten bieten.

HÖHENPROFIL ELMSHAUSEN → MARBURG

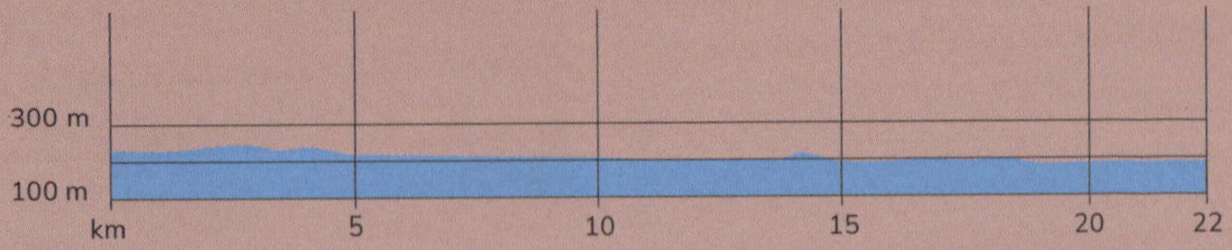

Unser Weg führt uns weiter durch das **Auenland.** Wie schon zuvor, fallen auch hier Seitenarme oder Ausläufer des Flusses auf. Und oft genug heißen diese Mühl- oder Hüttengraben, was etwas über den Nutzen der zahlreichen Kanäle verrät. Der ansonsten naturnahe Charakter der Lahn mit ihrem krümmungsreichen Uferverlauf bietet Lebensraum für viele bestandsgefährdete Tier- und Pflanzenarten. Ein gutes Beispiel hierfür ist das **Naturschutzgebiet Lahnknie** bei **Michelbach.** Gefährdete Vogelarten wie der Eisvogel, der seine Brutröhren in einen Steilhang am Südufer gräbt, finden hier Heimat und Schutz.

Bei **Cölbe** endet das Obere Lahntal und am Cölber Eck treffen zwei aufeinander, die unterschiedlicher nicht sein können. Die quirlige Lahn und die aus dem Vogelsberg kommende beschauliche Ohm. In ihrem Mündungsbereich entstand durch Renaturierungsmaßnahmen (seit 1999) eine Tiefaue, die es ermöglicht, dass die beiden Gewässer ihren Zusammenfluss selbst gestalten können. Es ist spannend zu

Zur richtigen Zeit am richtigen Ort und eine Drohne am Start. Danke, Mattis!

Über den Dächern Marburgs.

MARBURG – WIEGE HESSENS — Die ältesten von außen sichtbaren Gebäudeteile des Landgrafenschlosses stammen aus dem 13. Jh. und dienten Heinrich I. als Residenz. Heinrich war der Sohn Sophie von Brabants und somit ein Enkel der heiligen Elisabeth (v. Thüringen). Er wurde nach der Erstreitung der Unabhängigkeit Hessens im hessisch-thüringischen Erbfolgekrieg (1247–1264) erster Landgraf Hessens.

1

ELISABETHKIRCHE — Namensgeberin der Elisabethkirche war Landgräfin Elisabeth von Thüringen, die 1231 mit 24 Jahren verstarb und die 1235 heiliggesprochen wurde. Über ihrem Grab begann noch im Jahr ihrer Heiligsprechung der Bau der Elisabethkirche. Den Pilgern, die seitdem aus ganz Europa anreisten, um das Grab der Heiligen aufzusuchen, verdankte Marburg sein Aufblühen.

sehen, wie sich dieser lebendige Naturraum Jahr für Jahr verändert. Ein stetiges Entstehen und Vergehen.

Der weitere Weg führt uns an **Wehrda** und **Waldtal** vorbei. Beides sind Stadtteile Marburgs und bald sehen wir, wie sich das **Landgrafenschloss** über **Marburg** erhebt. Die ehemalige Residenz Heinrich I. ist eine der Hauptattraktionen unter den Sehenswürdigkeiten der Stadt.

Statt dem Radweg weiter zu folgen, biegen wir bei Kilometer 18,9 rechts in die Straße Im Schwarzenborn ab, fahren bis zur Cölber Straße und halten uns dort

Ein Blick auf das Biegenviertel und die Elisabethkirche.

links, um die Lahn zu überqueren. Hinter der Brücke fahren wir im Kreisel die Zweite rechts ab in die Wehrdaer Straße. Wir fahren an der beeindruckenden **Elisabethkirche** vorbei, dem ersten rein gotischen Hallenkirchenbau in Deutschland.

Die Lahn beschrieb damals wie heute einen großen Bogen um die Stadt oder, anders gesagt, hielten die Bürger, bis auf Ausnahme im Tal ansässiger Handwerker und Müller, einen gebührenden Abstand zum Fluss, da die regelmäßigen Hochwasser ein nicht kalkulierbares Risiko darstellten. Erst in den vergangenen beiden Jahrhunderten hat sich Marburg vom Altstadtkern in das Lahntal ausgedehnt.

Dem Bogen hat ein ganzes Stadtviertel Marburgs seinen Namen zu verdanken. Im heutigen **Biegenviertel** befinden sich unter anderem die **Elisabethkirche,** der **Alte Botanische Garten,** die **Universitätsbibliothek** sowie die 1527 gegründete **Philipps-Universität,** die älteste noch existierende protestantisch gegründete Universität der Welt. Nutzen Sie am besten die zentrale Lage des lebendigen Biegenviertels, um Ihre Tour durch die Stadt zu starten. Die **Gartenlaube Marburg,** die sich im Steinweg unweit der Elisabethkirche befindet, bietet zum Beispiel günstige Appartements auch für Durchreisende an.

Wer plant, Marburg zu Fuß zu erkunden, was unbedingt zu empfehlen ist, sollte sich vorher noch ein bisschen stärken. Möglichkeiten dazu gibt es viele, doch sobald es warm genug ist, sind die Außenbereiche der zahlreichen Restaurants, Cafés und Kneipen gut besucht. Besonders an den Wochenenden und an Feiertagen erst recht. Aber in der Regel findet sich irgendwo ein Plätzchen. Versuchen Sie es doch mal im **Café Wertvoll.** Das klingt vollmundig und in der Tat wird hier der vermutlich beste Kaffee Marburgs serviert und die Bagels sind köstlich. Nicht unwahrscheinlich, dass alle Tische besetzt sind, aber warum nicht mal offen sein und fragen, ob man sich dazugesellen kann? Und wer weiß, vielleicht stößt man dann auf die ein oder andere spannende Person – so wie Mattis Weber. Mattis ist Fotograf und Filmemacher, wohnt in Marburg und

WISSENSWERT — Der mittlere Pegel der Lahn beträgt 223 cm. Bei Hochwasser können es aber auch mal 879 cm sein, wie beim Jahrhunderthochwasser 1909.

Den vermutlich besten Kaffee der Stadt bekommen Sie im Café Wertvoll.

kennt diese Stadt besser als seine Fototasche. Wer aus der Region kommt, kennt seine Bilder vielleicht sogar schon, allen anderen sei sein Portfolio auf Instagram (mattisunderhill) empfohlen, das er regelmäßig um beeindruckende Fotografien (nicht nur aus Marburg) erweitert.

Seine Fotos dokumentieren die Schönheit im Alltäglichen, es sind Momentaufnahmen, aber keinesfalls beliebig. Und immer wieder steht die Stadt selber Modell, inszeniert mit Licht und Schatten, teilweise mystisch anmutend, wie sein Bild ›Tanz im Nebel‹, das das Landgrafenschloss umgeben von dichtem Nebel in der Morgensonne zeigt. Mattis ist der Stadt auf besondere Weise verbunden. Und auch die Lahn kennt er, besonders ihre Tiefen und was sich unter der Wasseroberfläche verbirgt. Denn er ist 1. Vorsitzender des **Lahntaucher e. V.** Der Verein hat es sich zur Aufgabe gemacht, die Lahn und andere lokale Flüsse von Müll und Unrat, die Tiere, Umwelt und Menschen gefährden, zu befreien.

LAHNTAUCHER E. V. / EIN BADEUNFALL MIT FOLGEN — Der Kontakt mit einer Glasscherbe in der Lahn war 2020 der Auslöser, sich für die Säuberung lokaler Gewässer einzusetzen. Seitdem hat der Lahntaucher e. V. gemeinsam mit anderen Freiwilligen zwölf Tonnen Müll geborgen. Alte Reifen, Autobatterien, Fahrräder und auch mal ein Gewehr wurden so zu Tage gefördert. Damit sichtbar wird, was sonst im Verborgenen bleibt. Aber der Verein betreibt nicht nur aktiven Gewässerschutz, er sorgt auch mittels Vorträgen in Unternehmen und Bildungseinrichtungen dafür, Sensibilität für das Thema zu vermitteln. Wer die Natur effektiv schützen möchte, muss sie verstehen. In Kooperation mit dem Landesamt für Naturschutz überwachen die ehrenamtlichen Naturschützer bedrohte Tierarten. Für ihr Engagement wurden die Lahntaucher mit dem Planet Hero Award und 110.000 € Preisgeld ausgezeichnet.
→ **www.lahntaucher.de**

Immer lächeln, auch wenn der Anlass nicht ganz so lustig ist.

Mit etwas Glück bietet Ihnen Ihr Gastgeber eine Abstellmöglichkeit für Ihr Fahrrad an, sodass Sie sich per pedes auf den Weg machen können, die schönsten Ecken Marburgs zu erkunden. Es gibt aber auch einige Fahrradabstellplätze in der Stadt, die in der Regel jedoch heillos überfüllt sind.

»Marburg liegt krumm, schief und buckelig unter einer alten Burg, den Berg hinab«, schrieb einst Johann Heinrich Jung-Stilling, ein deutscher Augenarzt, Wirtschaftswissenschaftler und Schriftsteller, der bis 1803 in Marburg lebte und wirkte. Und recht hatte der gute Mann. Krumm, schief und buckelig, aber wunderschön. Folgen Sie zum Beispiel dem **Grimm-Dich-Pfad,** der am Alten Botanischen Garten beginnt und sich durch die **Oberstadt** genannte Altstadt windet.

GRIMM-DICH-PFAD — (2 km, 86 hm, etwa 1,5 h) Nach den Brüdern Grimm benannte Tour durch die Marburger Oberstadt, deren Ziel es ist, Figuren aus den Märchengeschichten aufzuspüren. Die dazugehörigen Texte lassen sich einfach per QR-Code auf dem Smartphone aufrufen. So wird ein Spaziergang zur Märchenstunde.

Grimm-Dich-Pfad? Nicht von ungefähr klingt das ein wenig nach Trimm-dich-Pfad, auch wenn die beiden bekannten Märchensammler Jacob und Wilhelm Grimm mit derlei sportlichen Verrenkungen vermutlich nichts am Hut hatten. Beide studierten aber in Marburg und waren schnell dem märchenhaften Charme, den besonders die Altstadt ausstrahlt, erlegen. Grimm und Trimm haben unbestreitbar phonetische Parallelen, diese sind gut fürs Marketing – et voilà. Wer einen Nachmittag lang auf der Suche nach märchenhaften Zeugnissen der Erzählkunst bergauf und bergab über Kopfsteinpflaster und Treppen unterwegs war, wird im Anschluss daran möglicherweise überrascht sein, wenn ein Muskel-

2

Tauchen Sie ein in die Grimm'sche Märchenwelt.

»Marburg liegt krumm, schief und buckelig unter einer alten Burg, den Berg hinab« …

Licht und Schatten in Marburgs Oberstadt.

kater bei ihm klingelt. Eine verdiente Pause lässt sich dann gut am **Landgrafenschloss** einlegen. Einem perfekten Ort, um die Aussicht zu genießen und zu Atem zu kommen. Möglicherweise haben Sie aber noch nicht genug gesehen? Das Landgrafenschloss mit seinem beeindruckenden gotischen Fürstensaal können Sie besichtigen und auch das **Universitätsmuseum für Kulturgeschichte** befindet sich hier. Angesichts der Auswahl an aufregenden und erhellenden Stadtgeschichten scheint ein längerer Aufenthalt in Marburg mehr als gerechtfertigt.

Mehr als 700 historische Gebäude schmiegen sich an den 287 Meter hohen Schlossberg. Heute findet man in den pittoresken Gassen neben Märchenfiguren vor allem kleine Ladengeschäfte, Cafés, Restaurants und Bars, und in letztgenannten lassen wir den Tag langsam ausklingen.

Wer Glück hat und beispielsweise am 2. Aprilwochenende hier ist, erlebt den sogenannten »Marburger Frühling«.

An Treppen, hübschen Fachwerkhäusern und einladenden Cafés herrscht in Marburgs Oberstadt kein Mangel.

EMIL ADOLF VON BEHRING — Einer der größten Arbeitgeber Marburgs noch vor der Universität und dem privatisierten Universitätsklinikum sind heute die Behringwerke. Emil Adolf von Behring (1854 – 1917), erster Nobelpreisträger für Medizin sowie Entwickler des Antitoxins gegen Wundstarrkrampf – auch bekannt als Tetanus, gründete die Behringwerke gemeinsam mit dem Marburger Apotheker Carl Siebert.

Besucher können sich nicht nur über eine blütenbunt geschmückte Stadt freuen, es wartet ein vielfältiges Programm aus Kultur, Kleinkunst, Musik und Markt auf sie. Zu empfehlen ist auch das Hafenfest Anfang Mai und das Marburger Stadtfest im Juli, das seinen Besuchern einen unterhaltsamen Dreiklang aus Musik, Sport und Spaß bietet. Überregional bekannt und beliebt ist das große Drachenbootrennen auf der Lahn. Wer lieber in den Abendstunden unterwegs ist, der sollte im Winter unbedingt »Marburg by Night« besuchen, wenn die ganze Stadt zu einem illuminierten Spektakel wird – denn das ist gleichzeitig auch der Start der absolut sehenswerten Marburger Weihnachtsmärkte.

> **KUGELKIRCHE** — Kirche des ehemaligen Klosters der Kugelherren (Gemeinschaft der Brüder vom gemeinsamen Leben). Der Name der Kirche leitete sich von einer Mütze mit langem Zipfel, der »Gugel«, ab, die die Brüder trugen.

3

Hotel / Pension / Unterkunft:
Campingplatz Lahnaue Marburg
Trojedamm 47, 35037 Marburg
www.lahnaue.de, info@lahnaue.de

Gartenlaube Marburg
Steinweg 38, 35037 Marburg
Tel.: 06421-617662
www.gartenlaube-marburg.de
info@gartenlaube-marburg.de

St. Johannes Evangelist (Kugelkirche)

FOTO TIPP

29 km
60 Höhenmeter
2 Stunden
Für Neugierige & Entdecker

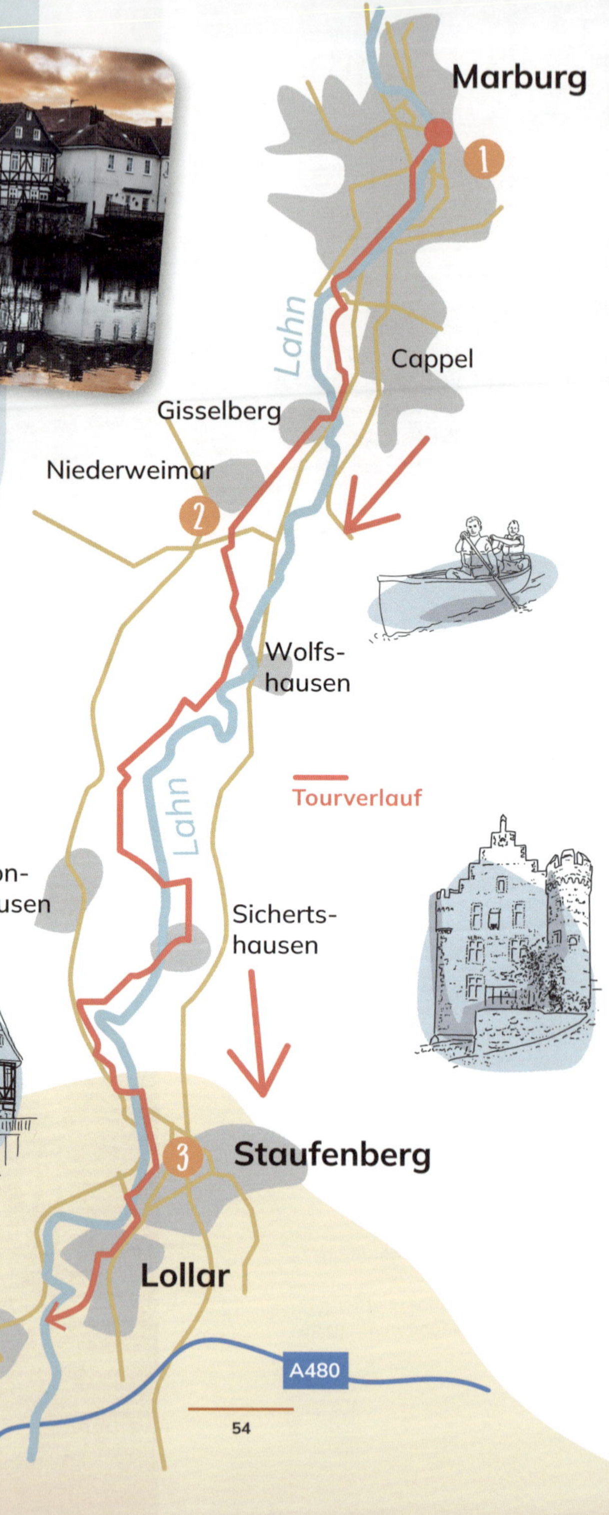

PACKT DIE BADESACHEN EIN

Marburg bis Wißmarer See

Der Abschied von Marburg und seinem Mix aus Geschichte, Kultur und studentischem Flair mag schwerfallen, aber es gibt noch viel zu entdecken. Und die nächste Etappe steht ganz im Zeichen der Badefreuden! Ein Gutteil dieser Etappe führt durch ein Vogelschutzgebiet; Natur und viel Grün dominieren die knapp 30 Kilometer. Ins Schwitzen bringt uns vermutlich auch nicht die längste Steigung der Route, denn diese ist ganze 550 Meter lang und erklimmt dabei neun Meter. Eigentlich rollt es sich wie von selbst. Sollten es die Jahreszeit und das Wetter zulassen, lohnt es sich, Badesachen im Gepäck zu haben.

Die »Weidenhäuser Brücke« gehört zweifelsohne zu den schönsten Brücken Marburgs … meint zumindest der Verfasser dieses Buchs.

HÖHENPROFIL MARBURG → WISSMARER SEE

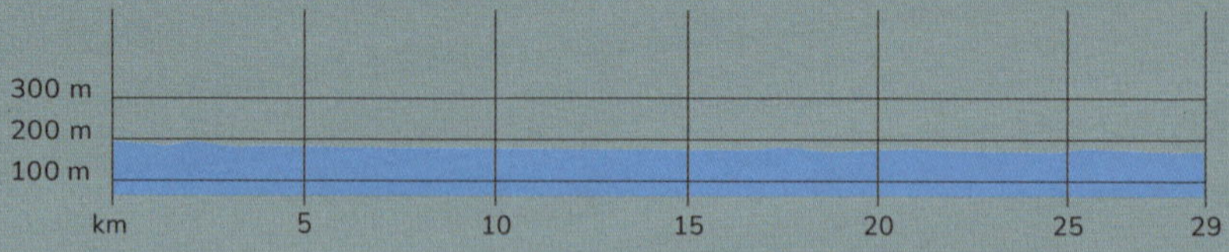

Zunächst fahren wir am **Alten Botanischen Garten** vorbei zur **Weidenhäuser Brücke,** der ältesten Lahnbrücke Marburgs, denn der Radweg liegt von hier aus gesehen auf der anderen Lahnseite. Von der Brücke mit ihrem schönen schmiedeeisernen Geländer hat man einen wunderbaren Blick auf die im Sonnenlicht badende Lahn sowie die **Grüner Mühle.**

Blick auf die »Grüner Mühle« im Abendrot.

GRÜNER MÜHLE / GRÜNER WEHR — Unterhalb der Weidenhäuser Brücke befindet sich eine ehemalige als Öl- und Papiermühle genutzte Wassermühle, die 1248 erstmals urkundlich erwähnt wurde. Die Mühle befindet sich am südlichen Ende der Straße »Am Grün« in unmittelbarer Nähe zum »Grüner Tor«. Ein Wehr gleichen Namens vor der Mühle staute das Wasser der Lahn für den Mühlkanal auf. 1

Auf dem Trojedamm fahren wir stadtauswärts, am Northamptonpark entlang. Auf der anderen Lahnseite schaut das Landgrafenschloss vom Schlossberg auf uns herab, Häuser stehen an der Uferkante und an einigen Stellen werden Kanus oder SUPs ins Wasser gelassen. In Höhe des Grüner Wehrs stehen Angler im Fluss und bilden in Kombination mit dem Fachwerk der Mühle ein postkartenreifes Motiv.

Überhaupt wirkt Marburg aus dieser Perspektive ziemlich fotogen. Ganz besonders im flach einfallenden Licht der Morgensonne. Wer sich nun überlegt, den Ausflug noch etwas auszudehnen, dem sei ein Besuch des Sport- und Freizeitbads **AquaMar** empfohlen. Es liegt quasi in Sichtweite des Radwegs zwischen dem »Grüner Wehr« und dem »Campingplatz Lahnaue«.

Alle anderen gedulden sich noch ein paar Kilometer, denn schwimmen und mehr kann man auch im **Seepark Niederweimar,** den wir ca. eine halbe Stunde später erreichen. Der Badesee, eine ehemalige Kiesgrube, wird seit 1982 kommerziell betrieben. Verschiedene Arten des **Was-** 2

Das Landgrafenschloss thront weithin sichtbar über den Dächern der Stadt Marburg.

sersports lassen sich sich hier ausprobieren. Zum Beispiel Wasserski, Wakeboarding oder Stand-up-Paddling, um nur einige zu nennen. Wer in der Ausübung dieser Sportarten unerfahren ist, kann sich schulen lassen, und auch die benötigte Ausrüstung lässt sich vor Ort ausleihen. Wer nur zum Baden kommt, findet einen Sandstrand und eine großzügige Liegewiese. Die Wasserqualität des Sees ist sehr gut und wen nach der sportlichen Aktivität der kleine oder große Hunger plagt, der wird mit Sicherheit auf der Speisekarte des Seepark Restaurants fündig.

Die Route verläuft nun einige Kilometer nicht mehr parallel der

AQUAMAR, SPORT- UND FREIZEITBAD —
Ausgestattet mit einem 25-m-Sportbecken, der 63 m langen Black-Hole-Wasserrutsche, einem Aktionsbecken mit Strömungskanal (Wassertemperatur 30°) und einer 6 m hohen Wasser-Kletterwand. Natürlich gibt es auch ein Sprungbecken (1 und 3 m) sowie einen Sauna- und Wellnessbereich. Von Mai bis September ist außerdem das Freibad geöffnet.
AquaMar Marburg, Sommerbadstraße 41, 35037 Marburg
Tel.: 06421-309784-19
aquamar@marburg-stadt.de
→ **www.aquamar-marburg.safeaccess.shop**

Am Weimarer See haben Sie die Wahl – Wassersport oder ein kühles Getränk an der Strandbar.

SEEPARK WEIMARER SEE —
Am Weimarer See 10
35096 Weimar
Tel.: 06421-972370
seepark.hotsport.de.
Kurse und Tickets am besten im Vorfeld online buchen.

Lahn, dafür aber durch das **Vogelschutzgebiet Lahntal** (zwischen Marburg und Gießen (Natura 2000, Nr. 5218-401). Den in diesem Gebiet brütenden oder rastenden Vögeln zuliebe, sollte man hier einige Regeln beachten. Damit Brachpieper, Wachtelkönig, Blaukehlchen, Fischadler und andere sich nicht gestört fühlen, dürfen die Brut- und Rastgebiete auf gar keinen Fall oder nur an dafür vorgesehenen Stellen betreten werden. Dass man hier (und auch anderswo) keinen Müll hinterlässt, versteht sich von selbst.

Zwischen **Fronhausen** und **Bellnhausen** verläuft der Radweg für etwa einen Kilometer parallel zu einer Landstraße (L3048) entlang, was besonders im Kontrast zu den hinter uns liegenden Kilometern wenig Freude macht.

Kurz hinter **Sichertshausen** kann man im Augenwinkel rechts des Radweges zwei Zinnenkränze über den Baumwipfeln erkennen. Sollten diese Ihren inneren Entdecker neugierig gemacht haben und Sie in Folge Lust haben, einen Umweg in Kauf zu nehmen, um zu schauen, welches Bauwerk Ihre Aufmerksamkeit erregt hat, kann ich nur raten: Tun Sie es nicht. Zum einen wird Ihr Vorschlag, sollten Sie beispielsweise mit einem pubertären Teenager unterwegs sein, keine Begeisterungsstürme auslösen. Zum anderen würden Sie eine halbe Stunde später vermutlich wieder an der selben Stelle stehen, an der Ihre Exkursion ins Unbekannte begann. Je nach Jahreszeit um zahllose juckende Stiche reicher. Das den Zinnen zugehörige Schloss werden Sie zwar finden, allerdings ist es von einem hohen, verschlossenen Gitterzaun umgeben und besichtigen kann man es nicht. Aber schön ist der Basaltbau, von Bäumen umsäumt, mitten im Wald. Und im Sommer bewacht von Scharen aggressiver Mücken, um jeden Besucher sofort in die Flucht zu schlagen. Daher hier nur eine Kurzbeschreibung: Es handelt sich um das **Schloss Friedelhausen,** das klingt zwar ein bisschen nach Kasperltheater und weniger nach einem kleinen Buckingham. Aber nach Letzterem sieht es aus. Sein bekanntester Besucher war Rainer Maria Rilke, der in den Jahren 1905 und 1906 hier jeweils einige Wochen auf Einladung von Gräfin Luise von Schwerin logierte.

SCHLOSS FRIEDELHAUSEN — Zweigeschossiges Gebäude in Privatbesitz mit Zinnenkranz und Flachdach, im Stil angelehnt an die Tudorgotik. Geplant wurde das Schloss vom britischen Architekten John Dobson und ist heute Kulturdenkmal.

An der Kanu-Anlegestelle in **Lollar-Odenhausen** bietet es sich an, eine kurze Pause zu machen. Der ganzjährig geöffnete **Imbiss** hält handfeste und deftige Speisen bereit, und wer keinen Sitzplatz mehr an einer der zahlreichen Biertischgarnituren findet, setzt sich einfach direkt an die Lahn und schaut dem munteren Treiben am und auf dem Wasser zu. **LahnTours** betreibt hier einen Verleih und die Stelle eignet sich perfekt fürs ›Schnupperpaddeln‹ auf der Lahn.

Im weiteren Verlauf fahren wir durch **Ruttershausen,** und wer mag, stattet dem dort ansässigen **Dorfladen** einen Besuch ab, da er direkt am Radweg liegt. Hier kann man sich

Die Lahn lässt sich bei Lollar-Odenhausen Zeit, an der Kanu-Anlegestelle vorbeizufließen.

schon mal für das Abendessen mit frischen Backwaren, Obst und Käse aus der Frischetheke eindecken.

Der Dorfladen wird von der Hofgemeinschaft für heilende Arbeit e.V. betrieben und bezieht einen Teil seiner Bio-Lebensmittel in Demeter-Qualität vom ebenfalls dem Verein unterstehenden Hofgut Friedelhausen, das behinderten und nicht behinderten Menschen einen inklusiven Lebensort und Arbeitsplätze bietet. Neben Lebensmitteln und Dingen des täglichen Bedarfs findet sich im Innenbereich ein kleines Bistro, das für relativ kleines Geld süße und herzhafte Snacks sowie Getränke anbietet. Mein Tipp: Probieren Sie den Friedelhäuser Joghurt Shake und dazu eine Friedelhäuser Nussecke.

DORFLADEN RUTTERSHAUSEN
— Untergasse 1-3, 35457 Lollar-Ruttershausen, Tel.: 06406-8348705
info@dorfladen-ruttershausen.de
→**www.dorfladen-ruttershausen.de**

Von unserem aktuellen Standort ist es nicht mehr weit zur **Burg Staufenberg.**

Wer die Burg besichtigen möchte, muss allerdings einen kleinen Umweg in Kauf nehmen. Vom Dorfladen aus sind es aber zum Glück nur etwa 1,8 Kilometer (einfache Strecke). 3

Bei klarem Wetter reicht der Blick vom Turm der Burgruine Staufenberg bis ins Rothaargebirge.

Die ehemalige Burg Stouphenberch (Felsenberg) der Grafen von Ziegenhain.

ABSTECHER

WEGBESCHREIBUNG BURGRUINE STAUFENBERG:

Statt bei Kilometer 24,3 die Lahn zu überqueren, fahren Sie geradeaus und folgen dem schmalen Weg über die Bahngleise bis zum Kirchberg und dann geradeaus über die L3475, danach gleich links und am Bauernhof vorbei. Anschließend nutzen Sie die Unterführung der B3 und halten sich danach wieder links und fahren auf dem Kirchberger Weg bis nach Staufenberg. An der Kreuzung Vorstadt und Scheuergasse (hier geht es rechts zum Peter Kurzeck Platz und zum Heimatmuseum) links in die Vorstadt, dann die nächste rechts in die Obergasse. Von dort folgen Sie der Ausschilderung zur Burgruine Staufenberg. Fans deutscher Literatur ist **Staufenberg** vermutlich als Heimat des Autors **Peter Kurzeck** bekannt. Dieser verbrachte seine Kindheit und Jugend in dem kleinen Dorf. Seine Erfahrungen und Erlebnisse verarbeitete er in biografischen Darstellungen, u. a. in seinen Romanen »Kein Frühling« (1987)

BURG STAUFENBERG — Seit ihrer erstmaligen urkundlichen Erwähnung im Jahr 1233 wurde sie im Zuge kriegerischer Auseinandersetzungen zweimal zerstört und diente danach als Steinbruch. Erst 1858 wurde sie dann restauriert. In den eindrucksvollen Ruinen der Oberburg wurde eine frei zugängliche Aussichtsplattform installiert. Die schlossartige, zur Stadt blickende Unterburg wurde zum Hotel ausgebaut.

Blick über Staufenberg und das Lahntal von der Burg aus.

TIPP — Regeln, die Sie beim Zelten beachten sollten:
Bauen Sie Ihr Zelt immer in ausreichender Entfernung zu Gewässern auf und wenn möglich oberhalb des Wasserspiegels, wenn Sie kein Freund feuchten Mikroklimas im Zelt sind. Suchen Sie sich zum Zelten einen Platz mit leichtem Wind. Das dient dem Luftaustausch im Zelt und hält Insekten fern.

und »Vorabend« (2001), sowie als Hörbuch-Roman in akustischer Form unter dem Titel »Ein Sommer der bleibt« (2008).

Unsere Etappe endet an einer weiteren ehemaligen Kiesgrube zwischen **Lollar** und **Wißmar,** die heute als **Badesee** genutzt wird. Umsäumt von üppigem Grün liegt das Gewässer in einer Schleife der Lahn, die wir aber zunächst einmal überqueren müssen. Eine alte Eisenbahnbrücke der ›Kanonenbahn‹ erweist sich dabei als äußerst hilfreich, zumal man aus der erhöhten Perspektive einen wunderbaren Blick auf den Fluss unter uns hat. Die Kanonenbahn war eine in den 70er Jahren des 19. Jh. erbaute

Ein schöner Platz, um eine längere Pause einzulegen: der Wißmarer See.

Eisenbahnverbindung mit militärstrategischer Bedeutung, die von Berlin nach Metz in Elsass-Lothringen führte.

Direkt hinter der Brücke liegt rechterhand die Zufahrt zum Badesee und zum Campingplatz **Wißmarer See.** Bei passendem Wetter kommen hier sicherlich noch mal Ihre Badesachen zum Einsatz. Oder vielleicht genießen Sie einfach den Sonnenuntergang am Sandstrand des Sees. Lassen Sie die Seele und die Beine baumeln.

Hotel / Pension / Unterkunft:
Campingplatz Wißmarer See
Wißmarer See, 35435 Wettenberg-Wißmar
www.wissmarer-see.de
Wer hier für eine Nacht oder mehr sein Zelt aufschlagen möchte, sollte mind. 48 Stunden vor seiner Anreise online einen Platz reservieren.

EIN FENSTER ZUR LAHN UND ANDERE OPTISCHE HIGHLIGHTS

Wißmarer See bis Wetzlar

Wer vom nassen Element noch nicht genug hat, kommt heute nochmal voll auf seine Kosten. Gleich mehrere Badegewässer liegen links und rechts der Route auf dieser Etappe. Man muss die Badesachen also erst gar nicht wegpacken. Einen Zwischenstopp legen wir in der Wirkungsstätte Justus von Liebigs ein und schauen uns die Lahn von unten an. Am Ende der Etappe erwartet uns ein fotografisches Kleinod und wir erfahren die Hintergründe der Leiden des jungen Werther.

- 26 km
- 60 Höhenmeter
- 1:30 Stunden
- Kultur, Natur & Genuss

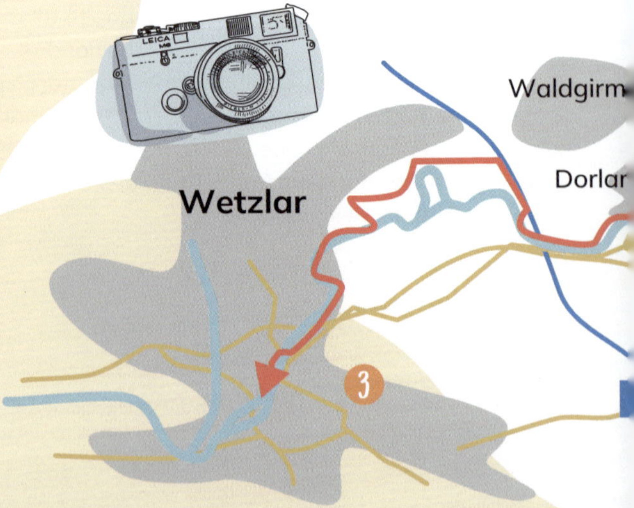

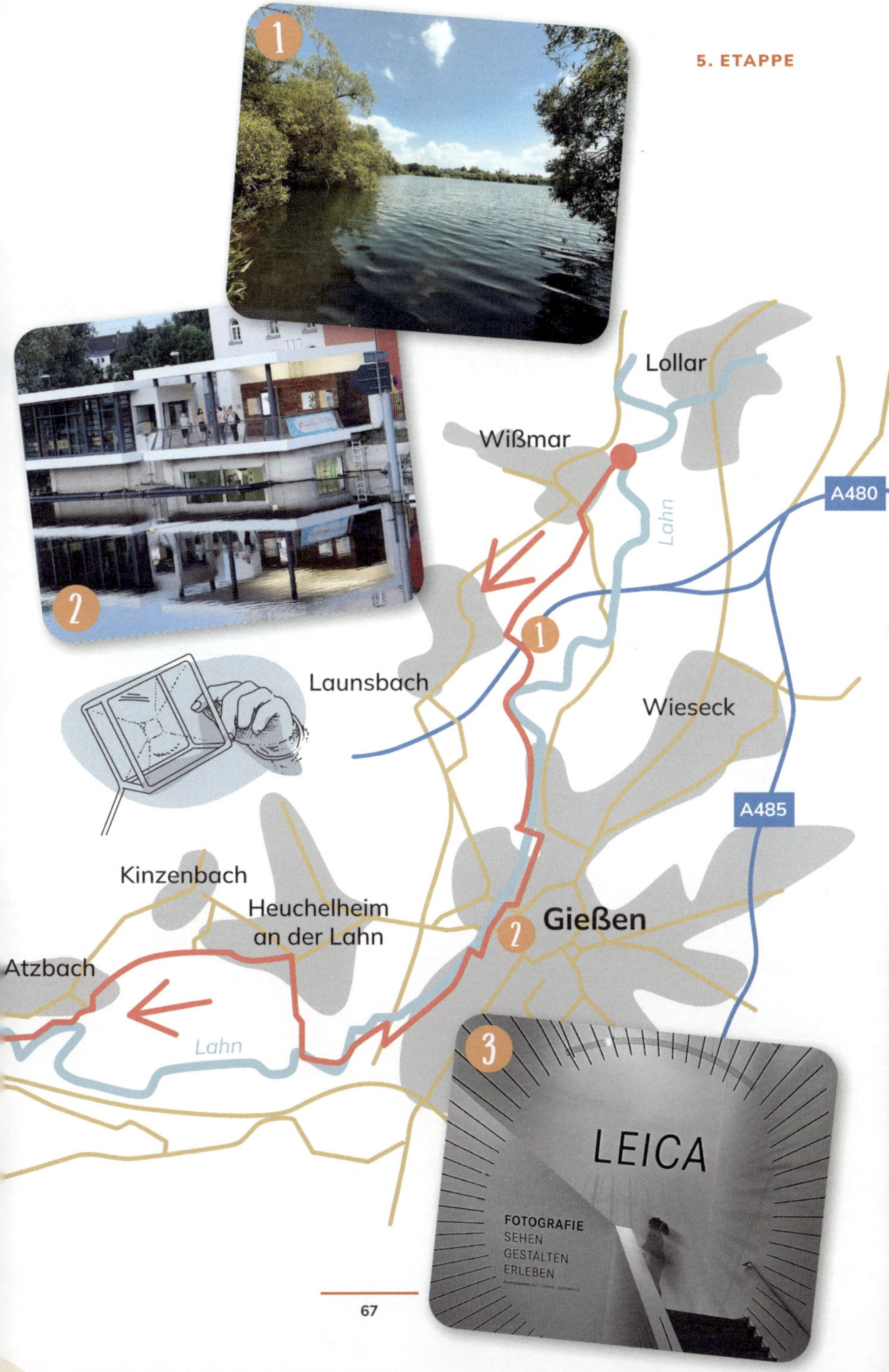
1
2
Lollar
Wißmar
Lahn
A480
1
Launsbach
Wieseck
A485
Kinzenbach
Heuchelheim
an der Lahn
Gießen
2
Atzbach
Lahn
3
LEICA
FOTOGRAFIE
SEHEN
GESTALTEN
ERLEBEN

Blick auf die beschaulich fließende Lahn von der Kanonenbrücke aus.

HÖHENPROFIL WISSMARER SEE → WETZLAR

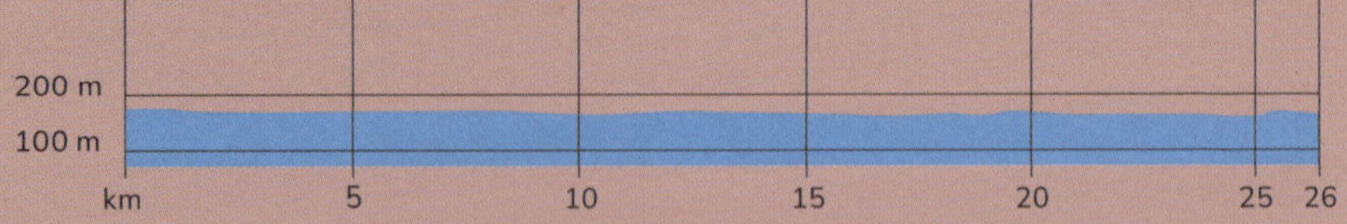

Wie wäre es mit einer Schippe Dreck oder einem Eimer Knochen? Derlei kulinarische Genüsse erwarten Sie in der Badenburg.

Mit Gießen als Zwischen- und Wetzlar als Etappenziel warten heute gleich zwei mittelgroße Städte darauf, von uns erkundet zu werden. Zunächst fahren wir aber am **Holz + Technik Museum** vorbei, das in unmittelbarer Nähe des **Wißmarer Sees** liegt. Seit 2004 werden hier historische Maschinen des ehemaligen Sägewerk- und Zimmereibetriebes Winter ausgestellt. Im Rahmen der **Dampf- und Gattertage,** die mehrmals jährlich stattfinden, werden die alten Maschinen zum Leben erweckt, und Live-Vorführungen an der alten Dampfmaschine oder dem historischen Sägegatter machen Industriekultur erlebbar.

HOLZ + TECHNIK MUSEUM WETTENBERG —
Dampf- und Gattertage finden jährlich im Frühjahr (April/Mai) und Herbst (September/November) statt.
Freundeskreis Holz- und Technikmuseum Wettenberg e.V.
Im Schacht 6, 35435 Wettenberg, Tel.: 06406-8307400
info@holztechnikmuseum.de
→ **www.holztechnikmuseum.de**

Wenige Meter weiter können wir auf der linken Lahnseite die **Badenburg** entdecken. Und obwohl wir weniger

Ein bisschen versteckt liegt der Silbersee bei Launsbach ...

als einen Kilometer Luftlinie von dem Gemäuer entfernt sind, führt kein direkter Weg dran vorbei und wir können sie nicht besuchen. Tatsächlich gibt es einen sogar recht schönen, nur in Teilen asphaltierten Weg, der direkt an der Lahn entlang zur Burg führt und für Fahrzeugverkehr gesperrt ist. Dieser Uferweg war bis ins 19. Jh. eine wichtige Verbindung zwischen Gießen und Lollar. Er ist allerdings kein Bestandteil des Lahnradwegs.

Keine zwei Kilometer weiter liegen die drei naturbelassenen Becken der **Launsbacher Seen** an unserer Route. Der mittlere See, den man vermutlich auf Grund sei-

RITTERKELLER — Erstmals urkundlich erwähnt wurde die Burg im 14. Jh. als Herrensitz der landgräflichen Vasallenfamilie von Weitershausen und Georg Büchner nutzte die Anlage im 19. Jh. (als politisch Oppositioneller) als Versteck. 1760 nahm man bereits den Schankbetrieb in der Burg auf und essen kann man dort heute immer noch. Eine Schippe Dreck oder Burgknochen (die in einem Eimer serviert werden) finden sich auf der Speisekarte des Ritterkellers, aber man wird auch fleischlos glücklich. Ein Besuch des urigen Gemäuers lohnt sich also auch für Vegetarier. Gaststätte Badenburg Ritterkeller, Inselweg 122, 35396 Gießen, Tel.: 06406-3912
→ **www.badenburg.de**

... dessen klares Wasser an heißen Tagen herrliche Erfrischung verspricht.

nes klaren Wassers auch **Silbersee** nennt, ist zum Baden freigegeben. Seine Liegewiese ist meist nicht so überlaufen, wie es an anderen Seen der Gegend besonders an heißen Tagen oft der Fall ist. Nutzen Sie die Gelegenheit, um ein kurzes Bad zu nehmen und fahren Sie im Anschluss erfrischt weiter. Die Räder können Sie, meist unter neugierigen Blicken der anderen Badegäste, direkt an den See schieben. Um unliebsame Überraschungen zu vermeiden, sollten Sie Ihre Drahtesel trotzdem mit einem Schloss sichern, bevor Sie den Badefreuden fröhnen. 1

Dichter werdende Bebauung deutet an, dass wir uns **Gießen** nähern, und würde die Universitätsstadt mich fragen, wie ich sie finde, würde ich antworten: Du bist nett, aber ... Persönliche Gründe, die siebtgrößte Stadt Hessens trotzdem zu besuchen, waren stets praktischer Natur. Zum Einkaufen beispielsweise, denn Gießen ist leicht zu erreichen, die Innenstadt ist nicht so voll, wie es z. B. in Frankfurt

Mit den Bewohnern der Lahn auf Du und Du – das Lahnfenster in Gießen macht es möglich.

auf der Zeil an einem Wochenende der Fall wäre, aber das Angebot ist ähnlich. Gießen war 1824 bis 1852 Wirkstätte des Chemikers Justus von Liebig und die 1607 gegründete und seit 1957 seinen Namen tragende Universität ist weit über die Stadt- und Landesgrenzen hinaus bekannt. Auch die Technische Hochschule Mittelhessen, eine der größten deutschen Hochschulen für angewandte Wissenschaften, betreibt hier einen von drei Standorten in Hessen. Und nirgendwo in Deutschland ist der Anteil der Studierenden gemessen an der Gesamtbevölkerung so hoch wie in Gießen.

Die kleine Stadt an der Lahn gibt sich redlich Mühe, ihren studentischen und nicht-studentischen Einwohnern, aber auch Durchreisenden wie uns etwas zu bieten. Durch Schönheit besticht sie aber nicht, ganz im Gegenteil. Gießen ist geprägt durch seine Nachkriegsarchitektur, denn der ehemalige Stadtkern wurde durch die Flächenbombardements im Dezember 1944 zu 86 Prozent zerstört. Ein Besuch der

Innenstadt lohnt sich aber, und sei es nur, um sich davon überzeugen zu lassen, dass Gießen auch schöne Ecken hat. Aber noch befinden wir uns am **Lahnufer.** In Höhe der **Klinkel'schen Mühle** können wir einen Blick unter die Wasseroberfläche werfen. Gelegenheit dazu bietet uns das Informationszentrum **Lahnfenster.**

LAHNFENSTER HESSEN — Um wandernden Fischarten wie Flussbarschen, Bachforellen, Rotaugen u. a. zu ermöglichen, die 230 cm Höhenunterschied des Wehres zu überwinden, wurde hier eine Fischaufstiegsanlage installiert. Die Fische können dank einer Lockströmung den Fischaufstieg finden und so zu den oberhalb des Wehres liegenden Flussbereichen aufsteigen. Im oberen Mündungsbereich der Aufstiegsanlage wurde ein Besucherzentrum errichtet, in dessen Untergeschoss große Fenster einen Blick in die Welt der Fische (und anderer Wasserlebewesen) ermöglichen. Zugegeben, es braucht etwas Geduld und Glück, um der Bewohner des grüntrüben Wassers der Lahn ansichtig werden zu können, aber diese zahlt sich bekanntlich aus.
Bootshausstraße 8, 35390 Gießen
→ **www.giessen-entdecken.de/locations/lahn-fenster-hessen**
Öffnungszeiten: März bis Oktober an jedem Freitag, Samstag und Sonntag sowie an allen Ferien- und Feiertagen (außer Karfreitag). Der Eintritt ist frei.

2

Unser Weg in die Innenstadt führt an zahlreichen Geschäften vorbei. Neben den üblichen Verdächtigen, sprich irgendeiner größeren Kette zugehörigen Konsumtempeln, finden sich in Gießen einige mit Liebe und unternehmerischem Einfallsreichtum geführte Inhabergeschäfte. Und auch an Cafés und Kneipen herrscht kein Mangel. Aber das Beste ist: Die Wege sind kurz. Die im Folgenden beschriebenen Erlebnisorte lassen sich innerhalb weniger Minuten zu Fuß oder mit dem Rad erreichen. Den Schiffenberg mal ausgenommen.

Wer guten Kaffee zu schätzen weiß, der sollte auf jeden Fall dem **Schwätzer & Söhne** einen Besuch abstatten. Das sehr kleine Café liegt etwas versteckt in der Johannette-Lein-Gasse. Hier einen Sitzplatz zu ergattern wird unter Umständen schwierig. Ganzjährig stehen aber auch Sitzgelegenheiten vor dem Café zur Verfügung. Wenn man dann sitzt, lohnt sich ein Blick in die Speisekarte. Diese ist zwar einigermaßen übersichtlich, das Angebot aber ist durch und durch köstlich. Das große Mittagsmenü wird man mit Sicherheit nicht vermissen, dafür kann man sich auf höchst leckere Kuchen, Pancakes, Rührei und Müsli freuen. Am Wochenende steht ein erweitertes Angebot zur Verfügung. Alle Speisen werden frisch aus regionalen Zutaten zubereitet und ein Großteil ist vegan.

Gut frühstücken kann man in Gießen im »Schwätzer & Söhne«.

Mathematik zum Anfassen –
zu erleben im Mathematikum.

Mal unter uns: Wie steht es mit Ihrem Verhältnis zur Mathematik? Vielleicht geht es Ihnen ähnlich wie mir, ich war stets bemüht, bisweilen sogar sehr interessiert, fand aber nie den richtigen Zugang, um es vorsichtig auszudrücken.

Dass Mathematik als Kulturgut und Wissenschaft vielfältig und spannend ist, kann man im Mitmach-Museum **Mathematikum** erleben. Wollten Sie schon immer mal in einer riesigen Seifenblase stehen? Oder träumten Sie als Kind von einer wirklich großen Kugelbahn? Unabhängig davon, ob Sie alles zu wissen glauben oder Sie mit der Mathematik auf ›Kriegsfuß‹ stehen – mindestens eines der fast 200 Experimente zum Anfassen wird Sie beeindrucken und begeistern. Zwei bis drei Stunden sollten Sie hier aber schon einplanen, wenn sich Ihnen eine neue Tür zur Mathematik geöffnet hat.

GUTESÖHNE — Seit über 10 Jahren betreiben die ›Gutesöhne‹ Gastronomie in Gießen. Angetreten mit der Vision, Hausgemachtes statt Handgemachtes anzubieten, starteten sie 2013 und eröffneten zunächst den Burgerladen »Gutburgerlich«. 2015 folgte das »Schwätzer & Söhne« und 2019 das »Drossel & Specht«, tagsüber ein Geschäft für feine Weine, die alles sind, aber garantiert nicht gewöhnlich, und abends eine Wein- und Cocktailbar. Der Burgerladen, das Café und die Weinhandlung befinden sich in Laufweite voneinander entfernt in der Bahnhofstraße bzw. in der Johannette-Lein-Gasse. Alle Informationen unter: → **www.gutesoehne.de**

MATHEMATIKUM — Liebigstraße 8, 35390 Gießen, Tel.: 0641-13091-0
→ **www.mathematikum.de**
Öffnungszeiten: Montag – Freitag: 9 – 17 Uhr, Samstag, Sonntag & an Feiertagen: 10 – 18 Uhr

Eine grüne Oase und Ort der Ruhe mitten in Gießen – der Botanische Garten.

Landgraf Ludwig von Hessen-Darmstadt gründete 1607 die zunächst nach ihm benannte Universität. Zwei Jahre später überließ er ihr ein Stück Grün zur Einrichtung eines Heilpflanzengartens (hortus medicus). Damit ist der **Botanische Garten** in Gießen der älteste seiner Art nördlich der Alpen, der sich heute noch an seinem ursprünglichen Standort befindet. Auf etwa drei Hektar gedeihen über 7.500 Pflanzenarten aller Erdteile. Eine grüne Oase und ein Ort der Ruhe mitten in der Stadt. In weiten Teilen des Gartens stehen alte Bäume, der älteste von ihnen ist ein 1816 gepflanzter männlicher Ginkgo. Beim Beschreiten des Evolutions-Denkpfads, eines als Labyrinth angelegten Sandwegs, der blickdicht von hohem Bambus gesäumt wird, kann man sich in fünf Stationen zentralen Fragen des Lebens stellen. Woher kommen wir? Haben Organismen eine Seele? Ist Evolution anarchisch? Wem diese Kost etwas schwer im Magen liegt, findet im wunderschönen blindengerechten Duft- und Tastgarten Zerstreuung. Der Eintritt zum Garten ist frei und leider, aber verständlicherweise, müssen Fahrräder draußen bleiben.

BOTANISCHE GARTEN —
Senckenbergstraße 6, 35390 Gießen, Tel.: 0641-9935240
→ **www.uni-giessen.de/de/ueber-uns/botanischer-garten**
Öffnungszeiten: Von Mitte März bis ca. Mitte Oktober, 8 – 16/18/19 Uhr

Gießen ist durchaus eine Stadt, die man liebgewinnen kann, alles, was es braucht, ist ein bisschen Zeit und natürlich auch Lust, das Schöne zu entdecken. Wenn Sie überlegen, Ihren Aufenthalt zu verlängern, möchte ich Ihnen einen Besuch des Hausbergs der Stadt ans Herz legen. Der **Schiffenberg** ist ein besonderer Ort. Dank seiner exponierten Lage und einer Höhe von 280 Metern bietet sich Ihnen ein wunderschöner Ausblick auf die unter dem Berg liegenden Gemeinden, bei klarem Wetter reicht die Sicht bis zum Taunus.

Das durch die Rundbogenfenster einfallende Sonnenlicht verleiht dem Inneren des schmucklosen Baus aus unverputztem Bruchstein eine beinahe mystische Aura. Auf dem Außengelände laden große Bäume zum Verweilen in ihrem Schatten ein und für Leib und Wohl sorgt das Restaurant **Kloster Schiffenberg,** ein Kiosk hält Softdrinks und Imbiss-

Einen Ort der Kultur und der Zusammenkunft stellt der Schiffenberg dar.

KLOSTERKIRCHE — 1129 stiftete Clementia von Gleiberg das Gelände dem Erzbistum Trier mit der Auflage, dort ein Kloster zu errichten. Der Bau der Klosterkirche dauerte 20 Jahre (1130 – 1150). Die auf der Nordseite des Innenhofs befindliche Basilika ist damit das älteste und einzige aus der Klosterzeit erhaltene Bauwerk, denn als Kloster wurde die Anlage nur von 1129 – 1323 genutzt. Die Basilika ist seit 2012 ein Denkmal von nationaler Bedeutung.
Kloster Schiffenberg / Restaurant
Kloster Schiffenberg, Domäne Schiffenberg, 35394 Gießen, Tel.: 0641-490444
→ **www.restaurant-schiffenberg.de**

KLETTERWALD GIESSEN —
Domäne Schiffenberg, 35394 Gießen
Tel.: 0641-35099212
info@kletterwald-giessen.de
→ **www.kletterwald-giessen.de**

klassiker bereit. Die Basilika, aber auch das Freigelände der ›schönsten Spielstätte Mittelhessens‹ werden regelmäßig für Veranstaltungen genutzt, z. B. im Rahmen des Gießener Kultursommers.

Wer nicht nur an Kultur und Geschichte interessiert ist, sondern sich zu Höherem berufen fühlt und einer Baumkletterei daher nicht abgeneigt ist, der sollte unbedingt den **Kletterwald Gießen** besuchen, der sich ganz in der Nähe des Klosters befindet. 13 Parcours in unterschiedlichen, teilweise herausfordernden Schwierigkeitsgraden bieten großen und kleinen

Kletterern (ab 1,20 Meter Körpergröße) die Möglichkeit, ihre Geschicklichkeit zu testen und ihren Mut herauszufordern. Mens sana in corpore sano.

Sofern Sie alle hier gelisteten Empfehlungen besucht haben, könnte es sein, dass der Tag schon weit fortgeschritten ist. Und vielleicht sind Sie auch einfach erschöpft. Sollte dem so sein, bleiben Sie doch einfach eine Nacht in Gießen und setzen Ihre Fahrt nach Wetzlar zu einem späteren Zeitpunkt fort. Alternativ fahren Sie zurück zum Lahnradweg, folgen diesem noch ca. fünf Kilometer und übernachten auf dem Campingplatz am **Dutenhofener See,** an dem wir im weiteren Verlauf dieser Etappe vorbeifahren. Oder Sie nehmen die Bahn. Züge der Hessischen Landesbahn bringen Sie innerhalb weniger Minuten ans Ziel dieser Etappe.

WISSENSWERT — Wussten Sie, dass die Kilometrierung der Lahn nicht an ihrer Quelle oder der Mündung beginnt? Kurioserweise befindet sich der Nullpunkt zwischen Gießen und Wetzlar an der Mündung des Kleebachs, der zwischen den Heuchelheimern und dem Dutenhofener See in die Lahn fließt. Diese Stelle markierte einst die Grenze zwischen dem Großherzogtum Hessen-Darmstadt und dem Stadtgebiet von Wetzlar, das zu Preußen gehörte. Preußische Vermesser setzten den Nullpunkt folgerichtig an das Ende ihres Staatsgebiets, weshalb der Unterlauf in Richtung Rhein eine aufsteigende und der Oberlauf eine absteigende Kilometrierung aufweist. Und ja, das ist bis heute so.

DUTENHOFENER SEE — Der Dutenhofener See ist mit 36 Hektar der größte See zwischen Gießen und Wetzlar. Sein sonst klares Wasser kann im Sommer durch vermehrtes Algenwachstum einen leichten Grünstich bekommen. Die Wasserqualität ist jedoch sehr gut. Auf seiner Südseite befinden sich das Strandbad mit Badestrand und der Campingplatz.
Dutenhofener See / Campingplatz
Dutenhofener See 1, 35582 Wetzlar
Tel. Campingplatz: 0151-59097022
info@dutenhofenersee.de
→ **www.dutenhofenersee.com**

Vom Lahnfenster, an dem wir unsere Tour unterbrachen, um uns Gießen anzuschauen, nehmen wir die Fahrt wieder auf. Aus nördlicher Richtung kommend, beschreibt der Flusslauf der Lahn hinter Gießen einen Knick und fließt von nun an in westlicher Richtung weiter. Und kaum haben wir unseren neuen Lieblingsfluss überquert, liegt ein weiteres Naherholungs- und Freizeitgebiet vor uns. In den **Lahnauen** zwischen **Atzbach, Dutenhofen** und **Heuchelheim** liegen die **Heuchelheimer Seen** sowie der **Dutenhofener See.**

Auf dem Südsee genannten unteren und kleinsten See der Heuchelheimer Seen befindet sich eine **Wasserski- und Wakeboard-Anlage.** Diese ist von Mai bis September an Werktagen, den Wochenenden und Feiertagen, im April und

Oktober nur an Wochenenden und Feiertagen in Betrieb. Informationen zu Preisen sowie die genauen Öffnungszeiten finden Sie unter www.wasserski.heuchelheim.de. Der obere, größere See wird gerne von Surfern genutzt. Hier findet sich auch ein Bereich für Freunde der Freikörperkultur. Nordöstlich davon befindet sich noch ein weiterer See, der **Silbersee** genannt wird. Moment ... Noch ein Silbersee? Tatsächlich fuhren wir zu Beginn dieser Etappe bei Launsbach an einem Namensvetter vorbei, lassen Sie sich davon nicht verwirren.

Wir umfahren die landschaftlich reizvolle Lahnaue nördlich der Seen und vom Radweg aus hat man rechterhand einen schönen Blick auf den **Gleiberg,** den **Königstuhl** und den **Dünsberg.** Bei **Atzbach** treffen Fluss- und Radweg wieder aufeinander und sind von da an bis Wetzlar quasi unzertrennbar, bis auf eine Umfahrung der Lahnschleife zwischen **Garbenheim** und **Naunheim. Wetzlar,** eines meiner persönlichen Highlights an der Lahn, nähern wir uns also aus nordöstlicher Richtung.

WETZLAR ... wurde das erste Mal im 8. Jh. urkundlich erwähnt. Grabungsfunde lassen jedoch den Schluss zu, dass die Gegend schon sehr viel früher besiedelt war. So wurden in Wetzlar-Dalheim 7000 Jahre alte Reste einer ehemaligen Besiedlung gefunden. Der Name Wetzlar ist vermutlich keltischen Ursprungs und im 3. Jh. entstanden, denn die Endsilbe -lar bezeichnet eine zaunähnliche Befestigung eines Hofes oder eines Dorfes. Bereits seit der jüngeren Eisenzeit (450 v. Chr. bis Chr. Geburt) wurde in und um Wetzlar Eisen verarbeitet. Auch interessant: Wetzlar sollte 1977 mit Gießen zur neuen Stadt ›Lahn‹ verschmolzen werden, das scheiterte aber vor allem am Protest der Bürger Wetzlars.

Lange Zeit kannte ich das kleine Städtchen nur vom Vorbeifahren. Und von der Bundesstraße aus gesehen machte das, was ich sah, keinen besonders einladenden Eindruck. Aber Wetzlar muss man sich vom Kern heraus erarbeiten. Das gelingt besonders gut, wenn Sie sich der Stadt von der Lahn aus nähern. Und haben Sie sich in die Altstadt verliebt, sind Sie womöglich bereit, über die weniger schönen Ecken hinwegzusehen. Eingefasst ist die zwölftgrößte Stadt Hessens und ehemalige Reichsstadt vom Taunus im Süden, dem Westerwald im Westen und dem Gladenbacher Bergland im Südosten.

Über die alte **Lahnbrücke,** eine vermutlich im 13. Jh. erbaute Steinbrücke, die auf sieben Kreisbögen ruht, gelangt man in die an liebevoll restaurierten Fachwerkhäusern nicht gerade arme Altstadt, die sich terrassenförmig bis zur Lahn hinunter erstreckt. Weithin sichtbar überragt vom **Dom,**

Oben die alte Lahnbrücke am Abend und unten der Dom zu Wetzlar (rechts im Bild) am Morgen. Davon unbeeindruckt: die Lahn.

Ein Besuch Wetzlars gleicht einer kleinen Zeitreise …

einem der Wahrzeichen der Stadt. Die Fassade des Doms wirkt seltsam unfertig. Es fehlt der zweite Turm, von diesem steht lediglich das Sockelgeschoss. Und dahinter klafft eine Lücke und wird dann vom Rest einer spätromanischen Basilika begrenzt. Das macht neugierig … die hinter dem Sockelgeschoss zu sehenden grauschwarzen spätromanischen Gebäudeteile stammen aus dem 12. Jh. Im 13. Jh. wollte man die Basilika durch einen imposanteren Bau ersetzen. Die Abbrucharbeiten des Altbaus erfolgten dabei abschnittweise entsprechend dem Baufortschritt der neuen Kirche. So konnte man diese zumindest teilweise weiterhin nutzen. Die Bauarbeiten wurden aber immer wieder verzögert und jahrzehntelang unterbrochen. Mal stritten sich Stadt und Stift, wer denn nun die entstehenden Kosten des Prachtbaus zu tragen hatte, mal funkte die Pest dazwischen und dann war da noch die Sache mit dem Bankrott der Stadt in Folge einer Wirtschaftskrise. Als 1490 dann endlich der erste, südliche der ursprünglich geplanten zwei Türme fertiggestellt wurde, stellte man die Arbeiten ein. Der Dom, der keiner ist, wird heute von der katholischen sowie der evangelischen Gemeinde gleichermaßen genutzt.

Vom **Domplatz** aus, auf dem sich besonders an Markttagen Einheimische und Touristen tummeln, um frische Lebensmittel einzukaufen, führen geheimnisvoll romantische Gassen zu kleinen Plätzen. Dort finden sich Cafés, Restaurants oder kleine Geschäfte.

In der Regel gebe ich mich unbeeindruckt von der Tatsache, dass berühmte Persönlichkeiten irgendwann mal an irgendeinem Ort waren, den auch ich besuchte. Spannend

... und Liebhaber von restauriertem Fachwerk kommen hier voll und ganz auf ihre Kosten.

finde ich aber den Gedanken, dass Johann Wolfgang von Goethe von Liebeskummer geplagt durch Wetzlars Gassen lief, im Kopf nur seine Charlotte, und damit der Grundstein für seinen Roman »Die Leiden des jungen Werther« gelegt wurde. Diese Gebäude haben so viele Menschen kommen und gehen sehen, waren Bühne und Kulisse für Tragödien und Komödien, sind stille Zeugen Jahrhunderte alter Geschichten. Umso mehr scheint es belanglos, sich inmitten der Fassaden fotografieren zu lassen, nur, um das Foto irgendwo posten zu können, um sagen zu können, ich war hier, und dafür Applaus zu erwarten.

DIE FOTOGRAFIE ... hat in den letzten Jahrzehnten durch die Digitalisierung von Spiegelreflexkameras und nicht zuletzt durch Smartphones einen der größten Umbrüche seit der Erfindung der Camera Obscura oder der Entwicklung der Heliografie im 19. Jh. durch Joseph Nicéphore Niépce erlebt. Das Entwickeln von Fotos war anno dazumal eine lebensverkürzende Tätigkeit, wenn dabei eine mit Jod bedampfte versilberte Kupferplatte mit Quecksilberdämpfen entwickelt und anschließend mit einer Zyankali-Lösung fixiert wurde. Alleine ein Foto anzufertigen war aufwändig und auch teuer. Es war dadurch aber auch etwas Besonderes.

FOTO TIPP

Was ist Ihre Lieblingsperspektive des Eisenmarkts?

In der Leica Welt laden interaktive Ausstellungselemente zum Experimentieren ein.

Man kann vermutlich von Glück sprechen, dass ein Großteil der jeden Tag aufgenommenen Schnappschüsse auf irgendwelchen Speicherkarten oder Smartphones verbleiben, ohne einer breiteren Öffentlichkeit bekannt gemacht zu werden.

Als Oskar Barnack den Wetzlarer Eisenmarkt mit einer von ihm entwickelten Kleinbildkamera fotografierte, läutete er ein wichtiges Kapitel der Fotografie ein. Barnack war Mechanikermeister des Wetzlarer Mikroskop-Herstellers Leitz. Als ambitionierter, aber von Asthma geplagter Naturfotograf, der sich auf Grund seiner Erkrankung außer Stande sah, schwere Platten- oder Großformatkameras mit sich zu führen, entwickelte er in seiner Freizeit eine kleine Kamera, die auf Rollen gezogenes 35-mm-Filmmaterial fassen konnte. Bis zu Serienreife vergingen, verzögert durch den Ersten Weltkrieg, weitere zehn Jahre und 1924 erschien die erste Leica (Leitz Camera) auf dem Markt. Die Kamera war von

Anfang an erfolgreich. Und daran hat sich bis heute nichts geändert. Wer sich für Fotografie im Allgemeinen und Leica im Besonderen interessiert, sollte der **Leica Welt** im **Leitz Park** im Osten Wetzlars einen Besuch abstatten. Die knapp drei Kilometer lange Anfahrt bis zum Museum lohnt sich, denn das dort befindliche **Ernst Leitz Museum** bietet Einblicke in eine bewegte und faszinierende Familien- und Unternehmensgeschichte.

Die Themen Optik und Wahrnehmung behandelt auch der in der Stadt verteilte **Optikparcours.** Insgesamt 18 Stationen laden zum Entdecken und Experimentieren ein.

Falls Sie auf Ihrem Weg durch Wetzlar die Lust auf ein Eis überkommt, gönnen Sie sich am Besten einen Besuch im **Eiscafé Ponte Vecchio,** das Sie unweit der alten Lahnbrücke in der Altstadt finden. Lassen Sie sich überraschen und probieren Sie das Eis des Tages oder eine der saisonal wechselnden Spezialitäten, wie z. B. Erdbeer-Chili-Krokant oder Ingwer-Honig-Zimt. Und dazu einen echten italienischen Espresso. Sie werden es nicht bereuen.

Das Fahrrad ist nicht nur ein effizientes Fortbewegungsmittel, es trainiert auch den ganzen Körper. Gefühlt leisten natürlich die Beine die ganze Arbeit, aber auch die Bauch-, Rücken- und Armmuskulatur arbeitet mit und wird beansprucht. Das reicht Ihnen nicht? Wetzlar beheimatet eine der größten **Kletterhallen** des Deutschen Alpenvereins in Hessen. Ganz in der Nähe der Leica Welt befindet sich das **Cube.** 220 Routen in den Schwierigkeitsgraden 3 bis 10 UIAA* stehen auf einer Kletterfläche von 2.285 Quadratmetern (davon 400 qm im Außenbereich, sowie 405 qm im Boulderbereich) zur Verfügung. Die Wandhöhen reichen von 7 bis 16 Meter.

Wer seine Fahrtechnik auf dem Rad verbessern möchte, kann sich auf dem der Halle gegenüberliegenden **Bikepark,**

LEICA WELT — Interaktive Ausstellungselemente laden zum Experimentieren im Selbstversuch ein. Erfahren Sie, welchen Einfluss unterschiedliche Faktoren auf Fotoaufnahmen haben können und was kreative Bildgestaltung ausmacht. Wechselnde Ausstellungen zeigen Exponate großartiger Fotografen und runden das Angebot ab.
Am Leitz-Park 6
35578 Wetzlar
3
Tel.: 06441-2080-400
info@leica-welt.com
→ **www.leica-welt.com**

EISCAFÉ — Eiscafé Ponte Vecchio, Lahnstraße 29, 35578 Wetzlar
→ **www.eiscafepontevecchio.de**
Montag bis Sonntag: 10 – 19 Uhr

Wer sich für Fotografie interessiert, sollte der Leica Welt unbedingt einen Besuch abstatten.

bestehend aus Pumptrack und Dirtline, versuchen.

Ein Pumptrack ist ein Rundkurs, der mit Wellen und Anliegerkurven ausgestattet ist. Die Kunst besteht darin, den Kurs ohne zu pedalieren zu befahren. Die dafür nötige Geschwindigkeit wird durch Gewichtsverlagerung des Körpers bei aktivem Drücken und Ziehen des Rades aufgebaut. Eine Dirtline ist eine mit Sprüngen ausgebaute Strecke. Die Sprünge können als Table, Kicker oder Double gebaut sein. Ein Table ist ein Sprung mit definierter Absprung- und Landezone, die durch ein Plateau verbunden werden. Ein Kicker ist eine kleine, aus Holz, Steinen oder Erde gebaute Rampe ohne definierte Landezone. Ein Double ist ein Sprung mit ebenfalls definierter Absprung- und Landezone, im Gegensatz zum Table werden diese aber nicht durch ein Plateau verbunden, sondern es klafft eine Lücke zwischen beiden. Sprünge dieser Art sind nur für geübte und versierte Fahrer geeignet.

CUBE — Ein Besuch lohnt sich für Anfänger wie Fortgeschrittene gleichermaßen. Sollten Sie keinerlei Erfahrungen im Klettern oder Bouldern haben, können Sie im Vorfeld online einen zweistündigen Schnupperkurs buchen. Die Teilnahmegebühr beinhaltet den Halleneintritt, die Ausrüstung und natürlich die Kursleitung durch erfahrene Klettertrainer. Teilnehmen können dabei auch Kinder ab acht Jahren in Begleitung eines Erwachsenen.
Sportparkstraße 3a, 35578 Wetzlar
Tel.: 06441-4494350
info@cube-kletterzentrum.de
→ **www.cube-kletterzentrum.de**
Öffnungszeiten:
Montag – Freitag 12 – 23 Uhr
Samstag, Sonntag und
Feiertags: 10 – 22 Uhr

Vom 1. April bis 31. Oktober zwischen 8 und 22 Uhr kann der ›Bikepark‹ mit geeigneten Rädern (keine E-Bikes) befahren werden. Hier gilt natürlich: nie ohne Helm!

Sechs Museen werfen im wahrsten Sinn des Wortes ein Licht auf die wechselvolle kultur- und industriehistorische Geschichte der Stadt an der Lahn. Im einstigen Elternhaus von Charlotte Buff zum Beispiel erinnern Erstdrucke internationaler Werther-Ausgaben des 18. bis 20. Jhs., Druckgrafiken literarischer Motive, Gemälde, aber auch Streitschriften und Parodien an den Sommer 1772, als Johann Wolfgang von Goethe ein häufiger Gast dieses Hauses war. > Das **Lottehaus,** Lottestraße 8 – 10

Im **Viseum,** welches sich ebenfalls in dem restaurierten Bürgerhaus aus dem 18. Jh. befindet, können Sie die Welt des Lichts entdecken. Ihre Suche nach Antworten beginnt

mit der Frage, was Licht eigentlich ist und wie unser Sehen funktioniert, wie Optiken das Licht brechen, lenken oder bündeln und wie uns die Erkenntnisse darüber im Alltag heute oder zukünftig nutzen. 16 Unternehmen der optisch-feinmechanischen Industrie laden Sie ein, zu erfahren, wie man das Licht für sich arbeiten lässt.
> **Viseum,** Haus der Optik und Feinmechanik, Lottestraße 8–10, **www.viseum-wetzlar.de**

Dramatisch wird es in den Räumlichkeiten des Wohnhauses Karl Wilhelm Jerusalems, der als Vorbild für Goethes Romanfigur ›Werther‹ diente. Jerusalem kannte den Dichter seit ihrer gemeinsamen Zeit während des Jurastudiums in Leipzig. 1772 trafen sich die beiden in Wetzlar wieder. Im Oktober des gleichen Jahres wählte der noch junge Jerusalem aus unerfüllter Liebe den Freitod. > **Jerusalemhaus,** Schillerplatz 5

Den Tag lassen Sie am besten mit einem Glas Ihres Lieblingsgetränks direkt an der Lahn oder in einem der zahlreichen Gastronomiebetriebe der Wetzlarer Altstadt ausklingen.

TIPP — Weitere Museen sind: Reichskammergerichtsmuseum, Sammlung von Lemmers-Danforth im Palais Papius sowie das Stadtmuseum. Weitere Infos unter: **www.wetzlar.de/microsite/staedtische_museen**

Hotel / Pension / Unterkunft:
Pension Domblick
Langgasse 64, 35576 Wetzlar
Tel.: 06441-90160
anfrage@domblick.de
www.domblick.de
Einfach, aber sehr sauber und in der Nähe der Altstadt gelegen, die man fußläufig über die Lahnufer-Promenade und die alte Lahnbrücke erreichen kann.

6. ETAPPE

VON BERGBAU, HEILWASSER UND MÄRCHENSCHLÖSSERN

Wetzlar bis Weilburg

- 29,5 km
- 180 Höhenmeter
- 2 Stunden
- Für Neugierige & Entdecker

Die Exkursionsorte dieser Etappe liegen teilweise nicht direkt auf oder an unserem Weg. Wir erweitern unseren Radius und schauen, was das weitere Lahntal an Besonderheiten zu bieten hat. Unter Umständen ist es sinnvoll, diese Etappe nach Ihren Vorlieben und Interessen selbst zu gestalten. Die genannten Ausflugsziele sollen Ihnen Lust machen, das Lahntal auf eigene Faust zu erkunden. Sollten Sie bereits eine oder mehrere Etappen von der Quelle bis Wetzlar gefahren sein, haben Sie sich möglicherweise daran gewöhnt, dass der Radweg kaum nennenswerte Höhenmeter aufwies. Das ändert sich nun. Zumindest ein bisschen.

Der Schlingnatter-Rundweg ist einer von drei Rundwanderwegen, die durch das Naturschutzgebiet »Weinberg Wetzlar« führen …

HÖHENPROFIL WETZLAR → WEILBURG

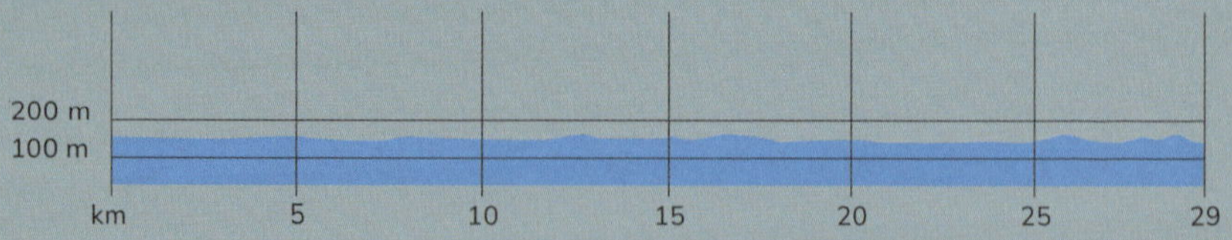

… und er bietet von seinen höchsten Punkten eine wunderbare Aussicht auf den ehemaligen Truppenübungsplatz.

Westlich der **Altstadt Wetzlars** nimmt die Lahn mit der Dill einen ihrer größten Zuflüsse auf und tritt kurz darauf wieder in das **Rheinische Schiefergebirge** ein, das sie zwischenzeitlich im Raum Marburg verlassen hatte. Außerdem durchfahren wir nun das Solmser Land zwischen Wetzlar und Weilburg, eine Region, in der die Jahrhunderte des Bergbaus deutliche Spuren hinterlassen haben.

Südlich unserer Route liegt oberhalb des Flusslaufs das Naturschutzgebiet **Weinberg Wetzlar,** ein Ort der Ruhe und eine artenreiche Kulturlandschaft. Wo sich heute Zauneidechsen sonnen und Rotmilane am Himmel ihre Kreise ziehen, Fingerkraut und blauer Salbei blühen, fuhren vor gar nicht langer Zeit noch Panzer, denn bis 1992 unterhielt die Bundeswehr hier einen Truppenübungsplatz. Narben gleich ist das Gelände daher von Wegen durchzogen, dazwischen grünt und blüht es und in der Luft liegt ein Duft von Wild-

FOTO TIPP

Kloster Altenberg ruht oberhalb des Lahnradwegs auf einem Hügel. Die Auffahrt lohnt sich alleine wegen des Ausblicks.

kräutern. Der Weinberg wurde im Mittelalter als Schafhute genutzt und auch heute kann man dort drei- bis viermal im Jahr große Schafherden auf den Wiesen sehen, die dafür sorgen, dass Gras und Büsche nicht zu hoch wachsen. Der namensstiftende Versuch, hier tatsächlich Wein anzubauen, scheiterte allerdings.

Unser Weg führt uns am **Kloster Altenberg** vorbei nach **Solms/Oberbiel** und hier ganz in der Nähe liegt das Besucherbergwerk **Grube Fortuna.** Leider nicht direkt auf unserer Route, sondern ca. drei Kilometer nördlich davon. Es lohnt sich aber, einen Umweg in Kauf zu nehmen, um dem ehemaligen Abbaugebiet einen Besuch abzustatten, besonders für technikinteressierte Familien mit Kindern. Die Bergung von Eisenerzen in Form von Hämatit und Limonit, seltener auch Magnetit, spielte im Solmser Land eine wichtige Rolle. Bereits 1605 wurde Graf Wilhelm zu Solms-Greifenstein die Gewinnung von Eisenerz im Gebiet der heutigen ›Grube

Fortuna‹ gestattet. Bis 1983 wurde hier, zunächst im Tagebau, später auch unter Tage, Eisenerz gefördert. Kurze Zeit später gründete sich der Förderverein Besucherbergwerk Fortuna mit dem Ziel, die Grube als Besucherbergwerk zu erhalten, und 1987 öffnete das Bergwerk zum ersten Mal seine Pforten für Besucher.

Über Tage erwartet Besucher das **Bergbaumuseum** mit einer spannenden Ausstellung zum Thema sowie das Feld- und Grubenbahnmuseum, das für Interessierte über 60 Lokomotiven und über 100 Klein-, Feld- und Grubenbahnwagen bereithält. Ein besonderes Highlight ist hier die 20-minütige Fahrt mit einer Kleinbahn oder einem Grubenzug durch das obere Grundbachtal. Auch Bergmänner und -frauen müssen essen. Gelegenheit bietet Ihnen die urige Grubengaststätte **Zum Zechenhaus.**

ROHSTOFF EISEN — Eisen ist nach wie vor ein wichtiger Rohstoff, aber wissen Sie, wie er abgebaut wird? Im Rahmen einer einstündigen spannenden Grubentour erfahren Sie, was arbeiten ›unter Tage‹ bedeutet. Besucher fahren mit einem Förderkorb 150 m in die Tiefe und dann mit der Grubenbahn weiter in den Abbaubereich, wo an Originalmaschinen Arbeitsabläufe erklärt werden. Ein in Europa einmaliges Erlebnis.
Wer auf mehr Abenteuer aus ist oder einfach mehr über den Bergbau unter Tage erfahren möchte, kann eine der erweiterten Grubentouren buchen, z. B. die vierstündige »Wetterüberhauentour«. Nach der Abfahrt mit dem Förderkorb erfolgt der Aufstieg zu Fuß über Leitern, vorbei am Magnetitlager, bevor man nach schweißtreibender Kletterei mitten im Wald wieder das Tageslicht erblickt.
Geowelt Fortuna e.V./Besucherbergwerk, Grube Fortuna 1, 35606 Solms-Oberbiel, Tel: 06443-8246-0
info@grube-fortuna.de 1
→ **www.grube-fortuna.de**
Tickets für Führungen buchen Sie am besten im Voraus.

Das Besucherbergwerk »Grube Fortuna« bietet spannende Einblicke über und unter Tage.

Um zur Grube Fortuna zu gelangen, starten Sie in Oberbiel (Kilometer 5,4 dieser Etappe), biegen von der Altenberger Straße rechts in die Pestalozzistraße ein und folgen dieser bis zur Grundstraße, hier wieder rechts und auf diesem Weg bleiben bis zum Besucherbergwerk. Die Route beinhaltet eine kurze Steigung und führt größtenteils über ruhige Nebenstraßen.

Ungefähr in der Ortsmitte von **Oberbiel** überqueren wir sowohl die B49 als auch die Lahn und einen Schleusenkanal in südlicher Richtung und fahren über befestigte Feldwege leicht bergauf bis zum **Schwimmbad Solmser Land.** Weiter geht es durch **Solms,** einen Zusammenschluss der Gemeinden Burgsolms und Oberndorf. Der Name Burgsolms ist auf eine ehemalige Wasserburg zurückzuführen, die allerdings im 14. Jh. durch den rheinischen Städtebund zerstört und nicht wieder aufgebaut wurde.

ABSTECHER

AM LAHNBAHNHOF IN LEUN HABEN SIE DIE WAHL: Bleiben Sie auf dem Lahnradweg und setzen Ihre Fahrt nach Weilburg fort? Oder besuchen Sie das märchenhafte **Schloss Braunfels?** Ich empfehle Letzteres und erkläre Ihnen im Folgenden auch, warum es sich lohnt, die 8,5 Kilometer (Hin- und Rückweg) und 130 Höhenmeter in Kauf zu nehmen.

2 Wenn jemand eine Reise tut, so kann er was erzählen. Manchmal erzählt jemand aber schon im Vorfeld einer Reise von seinem Vorhaben. Und nicht selten hagelt es dann gutgemeinte Tipps vermeintlicher Experten des Reiseziels. Ganz anders bei der Vorbereitung der Reise zu diesem Buch. Ungläubiges Kopfschütteln gepaart mit der Frage »Was willst du denn da, da ist doch nichts?« erhielt ich häufiger als Reaktion, wenn ich von meinen Plänen berichtete. Diesen Zweiflern sei das vorliegende Buch empfohlen, das den Beweis erbringt, dass hier alles andere als nichts ist. In einem Fall erhielt ich aber folgende Erwiderung: »An der Lahn entlang? Toll, da kommst du ja auch am hessischen Neuschwanstein vorbei!« Und auf meinen fragenden Blick hin: »... na, am Schloss Braunfels kommst du vorbei!« Braunfels kannte ich und ich wusste auch, dass es dort eine Schlossanlage gibt. Diese hatte ich mir aber nie genauer angesehen. Ein gro-

Sollten Sie auf einem Besen angeflogen kommen, erinnert das Schloss Braunfels tatsächlich ein wenig an Hogwarts.

ber Schnitzer, wie ein Besuch des kleinen Orts kurz darauf ans Licht brachte. Ob die Anlage nun mit der des Märchenkönigs konkurrieren kann oder möchte, überlasse ich Ihrem Urteil. Dass die ehemalige Schutzburg aber etwas Besonderes ist, wird spätestens dann klar, wenn man den auf einer Basaltkuppe ruhenden Bau aus der Ferne oder mittels einer Drohne von oben betrachtet.

SCHLOSS BRAUNFELS — Ursprünglich als Verteidigungsanlage gegen die Grafen von Nassau erbaut und erstmals im 13. Jh. urkundlich erwähnt, wurde die Burg im Laufe der Jahrhunderte durch baufreudige Besitzer mehrfach erweitert und umgestaltet, bis sie schließlich ab 1880 von Fürst Georg im Stil des Historismus umgebaut wurde und ihre heute noch unverwechselbare Silhouette eines Märchenschlosses erhielt.

Zahlreiche Türme und Erker krönen das bis ins Lahntal sichtbare Kulturdenkmal, das sich noch immer im Besitz der Familie der Grafen von Oppersdorff zu Solms-Braunfels befindet und auch von selbiger bewohnt wird. Umso schöner ist es, dass man sich auf Besucher freut und unterschiedliche Schlossführungen anbietet.

TIPP — Die klassische Schlossführung beginnt im eindrucksvollen Innenhof, führt durch die schönsten Räumlichkeiten mit ihren fürstlichen Sammlungen und endet auf dem Kanonenplatz. An kleine Besucher richtet sich die an besonderen Feiertagen stattfindende Familienführung, die anhand von Sprichwörtern, Redewendungen und Anekdoten Interessantes aus vergangenen Jahrhunderten zu vermitteln weiß, zudem führt sie hinauf auf den allerhöchsten Turm des Schlosses, von dem man bei gutem Wetter einen einmaligen Blick über die Höhen von Westerwald und Taunus hat. Sprachlich robust geht es bei der Mundartführung zur Sache. Wer noch kein Hessisch spricht, wird es im Laufe der Führung vermutlich auch nicht lernen, sich aber trotzdem bestens unterhalten fühlen.
Schloss Braunfels, Belzgasse 1
35619 Braunfels, Tel.: 06442-5002
info@schloss-braunfels.de
→ **www.schloss-braunfels.de**
Öffnungszeiten, Eintrittspreise und Infos zur Buchung der Führungen erfahren Sie auf der Website.

Nicht weniger beachtenswert und auch nicht weniger hübsch ist die historische **Altstadt,** deren liebevoll gepflegte Fachwerkhäuser sich direkt unterhalb des Schlosses an den Burgberg schmiegen. In filmreifer Kulisse lässt sich hier entspannt Kaffee trinken. Wie gemalt (oder aus dem Bilderbuch) präsentiert sich auch das grüne Herz der Altstadt. Gemeint ist damit der 400 Jahre alte **Herrengarten** genannte Kurpark. Im Stil eines englischen Landschaftsgartens angelegt, prägt diese Oase der Ruhe ein reicher Bestand an exotischen und einheimischen alten Bäumen.

Habe ich Ihnen Lust machen können, das märchenhafte Braunfels zu besuchen? Wenn ja, lassen Sie sich entzücken. Wenn nicht, nehmen wir unsere Fahrt am **Lahnbahnhof** wieder auf.

Wir durchfahren nun das zwischen Westerwald und Taunus ruhende **Weilburger Lahntalgebiet,** um genau zu sein dessen oberen Bereich, die **Löhnberger Talweitung.** Hier haben sich durch geodynamische Prozesse Bruchzonen gebildet, aus denen an vielen Stellen Mineralquellen zu Tage treten. »Denn reines Wasser muss durch einen tiefen Stein.« Mancher wird sich noch an diese sonorig-schnurrende Audiospur eines TV-Spots vergangener Tage erinnern. Gemeint war damit das Wasser aus Selters an der Lahn. Aqua saltare oder ›tanzendes Wasser‹ nannten die Römer das kohlensäurehaltige sprudelnde Nass, dem allerlei heilungsfördernde Eigenschaften nachgesagt wurden. Über Umwege wurde daraus dann ›Selters‹, der, nebenbei bemerkt, älteste Markenname im deutschsprachigen Raum und ein Synonym für Mineralwasser im Allgemeinen.

Unter grünen Wiesen verbirgt sich ein großer Schatz …

Auf dem weiteren Weg bis Weilburg bieten öffentlich zugängliche Zapfstellen Gelegenheit, Ihre Wasserreserven wieder aufzufüllen. So können Sie sich von der Qualität und dem frischen Geschmack des Wassers überzeugen. Besonders an heißen Tagen ist ein frischgezapfter Schluck direkt aus der Quelle eine Wohltat. In **Biskirchen** finden Sie z. B. das Wasser der **Gertrudisquelle** an der Außenzapfstelle des denkmalgeschützten **Brunnenhäuschens,** das sich in einem Halbrund aus schattenspendenden Bäumen vor der Gertrudis-Klinik befindet. Vom Radweg bzw. der Weilburger Straße kommend, biegen Sie rechts in den Bornweg ein, bis Sie linkerhand auf die Karl-Ferdinand-Broll-Straße treffen und in diese einbiegen. Das Brunnenhäuschen befindet sich kurz danach auf der rechten Seite. Eine zweite Zapfstelle findet sich zwischen Biskirchen und **Löhnberg** direkt am Radweg. Aufgrund von technischen Schwierigkeiten oder einfach witterungsbedingt kann es allerdings vorkommen, dass Zapfstellen einen evtl.

… sprudelndes Mineralwasser, mit dem man an öffentlichen Zapfstellen seine Wasservorräte auffüllen kann, so wie hier an der Gertrudisquelle.

Notstand in der Wasserversorgung nicht ausgleichen können und außer Betrieb sind.

WISSENSWERT — Direkt am Radweg liegt zwischen Industriestraße und Brunnenstraße der »Löhnberger Sauerborn« (Kilometer 24 dieser Etappe). Der älteste Sauerborn im Landkreis Limburg-Weilburg wurde 1475 das erste Mal urkundlich erwähnt. Vermutlich stammt der Brunnen aber aus dem Jahr 1353. Hofrat Dr. Johann Theodor Fritze attestierte dem Wasser im Jahr 1764, es perle wie Champagner und sei sehr angenehm zu trinken.

Bei Löhnberg fahren wir nun über den Seltersweg und bewegen uns auf das Hauptgebäude der **Selters Mineralquelle Augusta Victoria GmbH** zu, wir sind sozusagen »am Ursprung des guten Geschmacks« angekommen. Hier überspannt eine Brücke die Lahn, die wir zunächst unterfahren und dann 200 Meter weiter rechts eine Rampe nutzen, um auf die Brücke zu gelangen.

Am Ende des Übergangs liegt die **Lahnalm.** Eine Alm an der Lahn? Das klingt zunächst ungewöhnlich. Als wir 2020 das erste Mal die Lahn bereisten, waren wir ebenfalls überrascht, links des Ausgangs der Brücke auf diesen Rastplatz zu stoßen. Nicht unbedingt die Lage überraschte uns, sondern das Angebot und die Ausstattung dieses be-

Gekühlte Getränke, Snacks und einen ruhigen Platz an der Sonne finden Sie an der Lahnalm.

sonderen Ortes. Von der Brücke aus sah man zunächst ein kleines, hübsches Holzhaus, beim Näherkommen dann eine sonnenbeschienene Terrasse, auf der eine robuste Bank zum Verweilen einlud. Auf der Bank sitzend, hatte man einen malerischen Blick auf den Fluss unterhalb der Alm sowie auf den **Kirchturm** der evangelischen **Schlosskirche Löhnbergs.** Der Zugang zur Hütte war verschlossen, jedoch ließ sich die Tür über einen Zahlencode öffnen. In der Hütte die nächste Überraschung: Ein gut gefüllter Kühlschrank mit Getränken und Snacks erwartete die Eintretenden. Und gegen entsprechende Bezahlung konnte man sich selbst bedienen. Die Idee dazu kam den Betreibern Martin Strasheim und Marcus Welke quasi über Nacht. Bis zur Realisierung ihres Vorhabens vergingen dann aber einige Jahre, mehrfach mussten Hindernisse bürokratischer und nachbarschaftlicher Natur aus dem Weg geräumt werden, bis aus einem ehemals baufälligen Gemäuer einer der schönsten Rastplätze Hessens (Meinung des Autors) werden konnte. Wie traurig waren wir aber 2023, als ein Zettel an der Hütte darüber informierte, dass das Projekt offene Lahnalm gescheitert sei. Natürlich kann man noch auf der Bank vor dem Haus in der Sonne sitzen, den Blick genießen, und ein Getränke- und Snackautomat im Außenbereich sichert die Grundversorgung. Der Eintritt zur Hütte aber ist verwehrt. Sehr schade, denn besonders bei regnerischem Wetter oder allgemein kühler Witterung bot der Innenraum, auch dank eines kleinen Ofens, die Möglichkeit, sich aufzuwärmen. Das Angebot wurde wohl allzu oft als kostenfreier Selbstbedienungsladen missbraucht. In Folge dessen wurde beschlossen, die Hütte für Tagesgäste zu schließen. Ein Hinweis auf der Startseite unter www.lahnalm-loehnberg.de erklärt, dass das Konzept der offenen Hütte dem eines Clubs gewichen ist, somit erhalten nur die Zutritt, die bereit sind, einen kleinen monatlichen Obolus zu entrichten, und die verantwortungsvoll genug sind, dass die Lahnalm so schön bleibt, wie sie ist.

INFOBOX — Lahnalm
→ **www.lahnalm-loehnberg.de**
kontakt@lahnalm-loehnberg.de

Kurz hinter der Lahnalm kann man einen guten Blick auf die denkmalgeschützte **Löhnberger Mühle (Aktienmühle)**

Die denkmalgeschützte »Löhnberger Mühle«.

werfen. Die imposanten Gebäude mit ihren 135 Zentimeter dicken Mauern wurden und werden aufgrund ihres kühlen und trockenen Innenklimas als Getreidespeicher genutzt. Zwei Turbinen in einem über der Lahn angebrachten Turbinenhaus dienen der Stromerzeugung und erbringen eine Leistung von je 75 Kilowatt.

Wir fahren entlang schattiger Uferbereiche und überholen einige Kanus, die fast lautlos auf der Lahn treiben und aus denen uns Kinder zuwinken. Wir winken zurück und ernten fröhliches Lachen. Je näher wir Weilburg kommen, desto voller wird der Fluss, und direkt vor der Stadt gleicht das Treiben auf dem Wasser dem auf einem Verladebahnhof. Ruhiger geht es hingegen auf einer neuen, erst 2021 eingeweihten, für den Radverkehr freigegebenen stählernen Brücke zu, die in parallelem Verlauf zur 150 Jahre alten Eisenbahnbrücke die Kernstadt Weilburgs mit dem Bahnhof und dem ZOB

Die beeindruckende barocke Schlossanlage oberhalb der Lahn in Weilburg.

verbindet. Von den Bürgern der Stadt wurde sie auf den Namen **Eiserner Steg** getauft. Eine Brücke gleichen Namens diente in Höhe der Walderbachmündung bereits 1864 dem Transport von Eisenerz von einer Lahnseite auf die andere, wurde jedoch 1917 verlegt. Als wir 2020 das erste Mal auf dem Lahnradweg unterwegs waren, fuhren wir über die alte **Steinerne Brücke** in die Stadt, die seit dem 18. Jh. eine Überquerung der Lahn trockenen Fusses ermöglichte. Aus rein ästhetischen Gesichtspunkten mag ich die alte Brücke lieber, der neue »Eiserne Steg« ist aber mit seiner direkten Anbindung an den Radweg und der ausschließlichen Nutzung durch Radfahrende und Fußgänger die sicherere Alternative.

Der Luftkurort **Weilburg** liegt an einer markanten Flussschleife und etwas oberhalb dieser thront auf einem Bergsporn eine beeindruckende barocke **Schlossanlage.**

Besonders imposant ist der terrassenförmig angelegte **Schlossgarten.** Über 16.000 Sommerpflanzen werden Jahr für Jahr herangezogen und einem bestimmten Schema der barocken Rasterbepflanzung folgend ausgebracht. Die untere **Orangerie,** in der empfindliche Zitrusbäume überwintern, wird im Sommer als Spielstätte im Rahmen der Weilburger Schlosskonzerte genutzt. Aber auch in der

Die untere Orangerie Schloss Weilburgs ist der Orangerie von Schloss Versailles nachempfunden.

SCHLOSS WEILBURG — Bereits 1355 begannen unter Graf Johann I. von Nassau die Bauarbeiten für eine neue Burg. In der Mitte des 16. Jhs. wurde unter Graf Philipp III. von Nassau-Weilburg mit dem Bau eines Hochschlosses begonnen, das heute zu den am besten erhaltenen Renaissanceschlössern in Hessen zählt. Beeindruckt von der prunkvollen Architektur des Schlosses von Versailles, beauftragte Graf Johann Ernst zu Hessen-Nassau im Jahr 1702 den Architekten Julius Ludwig Rothweil mit den umfangreichen Umbaumaßnahmen seiner Residenz. Das Schloss wurde daraufhin in alle Richtungen erweitert. Aber nicht nur das Schloss, auch das Aussehen der Stadt wurde im Zuge der Bauarbeiten verändert. So entstand im Laufe der Zeit die ›Perle an der Lahn‹.
Weilburger Schloss, Schlossplatz 3
35781 Weilburg, Tel.: 06471-91270
schloss.weilburg@schloesser-hessen.com
→ **www.schloesser-hessen.de/de/schloss-weilburg**

Schlosskirche, dem **Renaissancehof** und der oberen Orangerie finden meist klassische Konzerte statt.

In der Umgebung Weilburgs gibt es zudem zwei Ausflugsziele, die besonders für Kinder interessant und spannend sein dürften.

Den **Wildpark Tiergarten Weilburg** und die **Kristallhöhle Kubach.** Die Anfahrt mit dem Rad ist nicht zu empfehlen, es fahren aber regelmäßig Busse der Linie 66 vom **Busbahnhof** in Weilburg ab, die Sie innerhalb von 15 bis 30 Minuten direkt zu den jeweiligen Haltestellen bringen. Diese sind: ›Weilburg-Hirschhausen Tiergarten‹ und ›Alte Schule‹ in Kubach. Bis zum Geoinformationszentrum Kubacher Kristallhöhle ist es dann noch ca. ein Kilometer zu Fuß. Busbahnhof ZOB Weilburg, Bahnhofstraße 10, 35781 Weilburg. Infos zu den Fahrzeiten unter www.rmv.de.

Über 20 verschiedene Tierarten können hier aus nächster Nähe beobachtet werden: Wisente, Wölfe, Luchse, Auerochsen, Rothirsche, Elche und nicht zu vergessen die ›niedlichen‹ Braunbären. Besonders beliebt sind die Fischotter, die von den Besuchern unbeeindruckt ihrem Tageswerk nachgehen, was darin besteht, Kapriolen im Wasser zu schlagen, um sich danach ausgiebig zu putzen, anschließend zu fressen, um sich dann in der Sonne trocknen zu lassen. Ein Spaziergang durch das Damwild-Gehege ist immer etwas Besonderes, da hier kein Zaun bei der Beobachtung stört. Neben den Ottern sind natürlich die hübschen Braunbären des Parks große Publikumsmagneten.

WISSENSWERT — Unterhalb des Schlosses und mitten durch den Berg führt auf 195 m Deutschlands ältester und heute noch befahrbarer Schiffstunnel. So sparen sich Kanuten und andere Reisende auf dem Wasser die etwa 2 km lange Umfahrung des Berges auf der Lahn.

TIERGARTEN WEILBURG — Der Tiergarten Wildpark Weilburg hat eine lange Geschichte. Im 16. Jh. ließ Graf Albrecht von Nassau Damwild aus Holland im Gebiet des heutigen Tiergartens ansiedeln. Später wurde das Gelände eingefriedet, mit einem Holzzaun versehen und als Jagdpark genutzt. Im 18. Jh. wurde der Holzzaun durch eine fast 4 km lange und mehr als 2 m hohe Steinmauer ersetzt, wobei man an Wildwechseln Rampen anbrachte, damit Tiere in den Park hinein-, aber nicht mehr herauskamen. Diese Zeiten sind zum Glück vorbei. Aber die Steinmauer gibt es noch. Die Jahrhunderte überstanden haben außerdem bis zu 400 Jahre alte knorrige Eichen.
Wildpark Tiergarten Weilburg
Tiergartenstraße, 35781 Weilburg
Tel.: 06471-626284
→ **www.hessen-forst.de/freizeit/tiergarten-weilburg**
Öffnungszeiten: März bis Oktober: 9 – 18 Uhr, November bis Februar: 9 – 16.30 Uhr, Tageskarten Erwachsene: 8 € (erm. 5 €), Tageskarten Kinder (4 bis 17 Jahre): 4 €

Im Wildpark Weilburg verfährt man nach dem Motto: anschauen ja, anfassen nein.

Sie sind aber auch zu niedlich …, aber eben doch Raubtiere, die sich, wenn es sein muss, sehr schnell bewegen können. Auf dem fast ein Quadratkilometer großen Gelände kann man sich lange aufhalten, besonders im Sommer, wenn der alte, schattige Mischwald Kühlung und Schutz vor der Sonne verspricht.

Ein in Deutschland einzigartiges Erlebnis wartet auch in der **Kubacher Kristallhöhle** auf Sie. Das Höhlensystem entstand während der Eiszeit und die Geschichte seiner Erschließung liest sich beinahe wie ein Krimi. Bergleute berichteten Ende des 19. Jhs. von der Entdeckung einer großen Tropfsteinhöhle, die sich unter dem Gelände rechts der Straße zwischen Kubach und Freienfels befinden sollte. Ein Versuch, diese zu erschließen, scheiterte 1907 mangels finanzieller Mittel und die Höhle geriet im Laufe der Zeit in

TIPP — Im Rahmen einer Führung steigt man über 456 Treppenstufen bis auf 70 m hinab. Da es in der Höhle relativ frisch ist, sollte man sich entsprechend anziehen. Und auch feste Schuhe sind zu empfehlen. Ein Besuch der Kristallhöhle ist ein faszinierendes und beeindruckendes Erlebnis.
Geoinformationszentrum
Kubacher Kristallhöhle, Auf dem Kalk 1
35781 Weilburg-Kubach
→ **www.kubacherkristallhoehle.de**
Geöffnet März bis November
(die genauen Öffnungszeiten erfahren Sie auf der Website)

Vergessenheit. Eher zufällig erfuhr der Gymnasiallehrer Karl-Heinz Schröder 1970 von der geheimnisvollen Höhle und investierte fortan viel Zeit, mehr darüber in Erfahrung zu bringen. Aber es sollten noch weitere vier Jahre vergehen, bis ein Bohrmeister am 15. Oktober 1974 nach gelungenem Durchbruch und erfolgreichem Abstieg in die Höhle zurückkam und sagte: »Herrlich! Ein einmaliges Erlebnis! So was Schönes gibt's nicht noch mal!« Nur handelte es sich nicht um die gesuchte Tropfsteinhöhle, sondern um eine Calcitkristallhöhle, die in Deutschland einmalig ist.

Mit 30 Meter Deckenhöhe ist sie außerdem die höchste Schauhöhle der Bundesrepublik.

3

Hotel / Pension / Unterkunft:
Tipidorf in Weilburg
Die Tipis sind mit festen Betten für max. 12 Pers. ausgestattet. Für mehr Privatsphäre können die Tipis aber auch zur Alleinbenutzung gemietet werden. Sind alle Tipis belegt, kann das eigene Zelt im Dorf aufgebaut werden. Haben Sie Lust auf echtes Abenteuer? Dann buchen Sie doch einen »3-Tage-Familienausflug mit Kanutour«, Tipiübernachtung und Lagerfeuerromantik inklusive.
Hainallee, 35781 Weilburg
www.kanu-tours-weilburg.de/tipi-mieten-weilburg

Bild rechts: Knapp 60 cm breit war die Bohrung durch die das erste Mal ein Mensch in die Kristallhöhle hinabgelassen wurde.

- 26 km
- 340 Höhenmeter
- 2 Stunden
- Für Neugierige & Entdecker

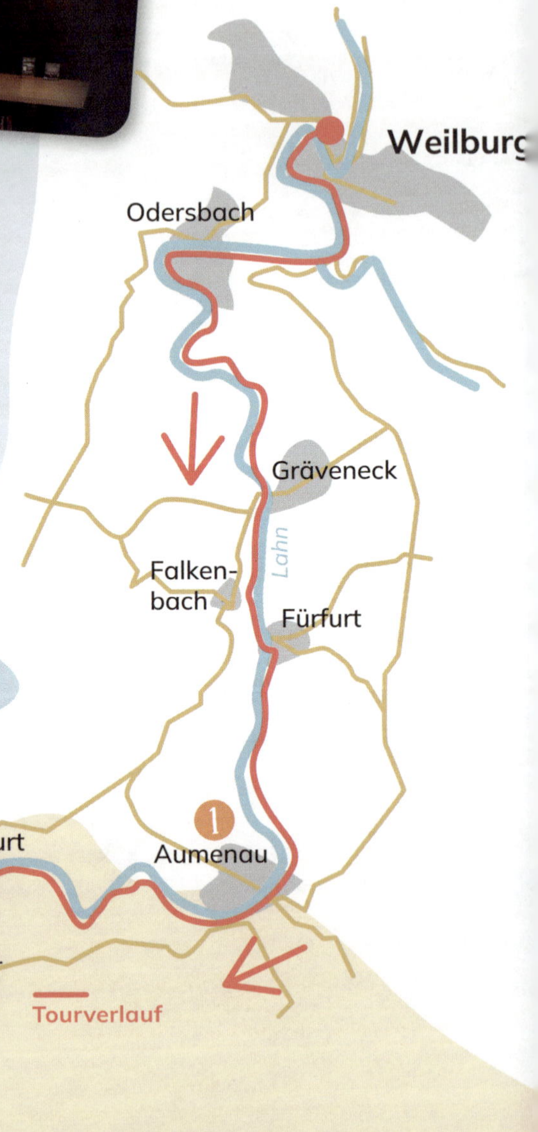

DIE WILD-ROMANTISCHE LAHN

7. ETAPPE

Weilburg bis Runkel

Diese Etappe gleicht einer Zeitreise, die uns tief in die Erdgeschichte eindringen lässt. Wir entdecken versteinerte Überreste kolonienbildender Organismen eingeschlossen in ein beliebtes und gefragtes Baumaterial der Vergangenheit. Trutzige Bauwerke erzählen von einer bewegten Geschichte, die durch Auseinandersetzungen und Familienfehden links und rechts des Flusses geprägt wurde.

Die Lahn hat sich canyonartig in die Landschaft eingegraben.

HÖHENPROFIL WEILBURG → RUNKEL

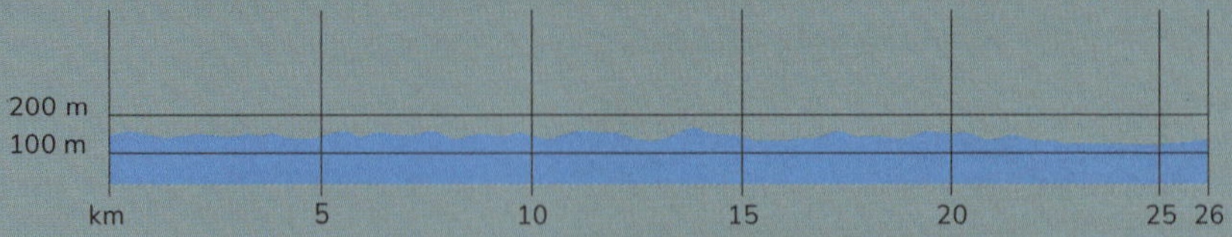

Die Etappe startet an der **Steinernen Brücke** und führt uns am **Modellbaupark,** den man im Übrigen auch besichtigen kann, aus der Stadt hinaus. Hinter **Weilburg** und folgend präsentiert sich die Mittellahn wildromantisch.

Wir folgen nun einem Fluss, der sich fast canyonartig in die Landschaft eingegraben hat und von viel Grün gesäumt wird. Weitblicke über und in das Tal bieten die ebenfalls zahlreicher werdenden kurzen Stiche, die uns immer wieder aus der Flussniederung hinauftragen, was für abwechslungsreiche Landschaftseindrücke sorgt, aber auch die Beine etwas mehr fordert. Nach jedem kurzen Auf folgt ein meistens ebenso kurzes Ab. Das hat beinahe etwas Meditatives.

Über **Gräveneck** erreichen wir **Aumenau,** wo Sie unbedingt eine Pause in der dortigen **Eismanufaktur** einlegen sollten, denn Eis macht bekanntlich glücklich. Noch dazu, wenn diese süße kleine Sünde aus eigener Herstellung stammt und aus hochwertigen, überwiegend regionalen Zutaten zubereitet wurde. Eine Gaumenfreude für kleine und große Liebhaber des kalten Genusses. Und einen guten Kaffee bekommen Sie hier ebenfalls.

Auf unserem Weg passieren wir zahlreiche Schleusen und Wehre wie hier bei Kirschhofen.

Entdecken Sie das Lahntal zu Wasser, auf dem Rad und zu Fuß.

Vermutlich das beste Eis an der Lahn …

Vor 380 Millionen Jahren lag das Gebiet, das wir gerade durchfahren, ca. 20° Grad südlich des Äquators, driftete aber im Laufe der Erdgeschichte bis zur heutigen Lage ab. Geologische Prozesse führten zu einer hohen Verdichtung und zur Bildung von Riffkalkstein, der in der Lahnregion eine Stärke von mehreren Hundert Metern erreicht und seit dem 16. Jh. in der Gegend um **Villmar** als **Lahnmarmor** abgebaut wurde. Ein Grund dafür dürfte eine erhöhte Nachfrage insbesondere der katholischen Kirche gewesen sein. Der Bedarf an Marmor für die kirchlichen Altäre wurde bis zu dieser Zeit im Wesentli-

chen durch Marmor aus Italien gedeckt, was allerdings zeit- und kostenaufwändig war, weshalb man nach alternativen geeigneten heimischen Materialien suchte und im Lahntal fündig wurde. Lahnmarmor war vor allem im 19. bis 20. Jh. ein beliebtes Bau- und Schmuckmaterial. Sollten Sie mal das Empire State Building in New York besuchen, achten Sie auf die Wandverkleidung im Foyer.

Einen weltweit einmaligen Einblick in die Erdgeschichte bietet der Aufschluss **Unica-Bruch** in Villmar. Das mit dem Prädikat »Nationales Geotop« ausgezeichnete Freigelände ist Teil des **Lahn-Marmor-Museums** und eines von vier Geotopen in Hessen. Eine sechs Meter hohe und 15 Meter breite, glattgesägte und geschliffene Wand eines mitteldevonischen Stromatoporenriffs ist hier zu sehen.

EISMANUFAKTUR AUMENAU —
Brückenstraße 1
65606 Villmar-Aumenau
Tel.: 06474-6599026
Öffnungszeiten: Mo. bis Fr. 13 – 20 Uhr, Sa. und So. 11 – 20 Uhr
→ **www.die-eismanufaktur.net**

WISSENSWERT — Strenggenommen handelt es sich bei dem hier vorkommenden Kalkstein nicht um Marmor im geologischen Sinn, da bestimmte Umwandlungsprozesse im Laufe der Entstehung nicht vollzogen wurden. Marmor dient hier als Kulturbegriff für polierbare Kalksteine mit marmorierter Textur. Lahnmarmor ist ungemein variantenreich und für sein breites Farbenspektrum bekannt, die Farbgebung variiert je nach Abbaugebiet. Versteinerte Kalkbestandteile eingeschlossener Lebewesen, u. a. Korallen, Schnecken und Kopffüßler, sind zu erkennen. Der an sich weiße Kalkstein wurde z. B. durch Absetzung von dunklem Ton oder Kohlenstoff grau bis schwarz und durch das Einsickern von eisenhaltigem Wasser aus vulkanischen Quellen rötlich gefärbt. Gelb- und Ockertöne sind auf Limonit zurückzuführen.

2

Stromatoporen sind eine ausgestorbene Gruppe kolonienbildender Meerestiere, die u. a. im Devon typisch für

Die Lahnbrücke in Villmar ist ein anschauliches Beispiel für den Einsatz von Lahnmarmor.

Die glattgesägte Wand des Marmorbruchs »Unica« zeigt ein Stromatoporenriff aus dem Devonmeer vor 380 Mio. Jahren.

WISSENSWERT — Als Devon bezeichnet man eine Periode des Paläozoikums, die vor 419,2 Mio. Jahren begann und vor ca. 358,9 Mio. Jahren endete und dem Karbon vorausging.

LAHN-MARMOR-MUSEUM —
Oberau 4
65606 Villmar
stiftung@lahn-marmor-museum.de
→ **www.lahn-marmor-museum.de**
Öffnungszeiten:
23. März – 27. Oktober
Dienstag bis Freitag: 14 – 17 Uhr
Samstag, Sonntag und an ges. Feiertagen: 10 – 17 Uhr

INFOBOX — Entschleunigt Reisen auf einem Hausboot (führerscheinfrei). → **www.hausboote-lahn.de**

flachmarine Ablagerungsräume tropischer und subtropischer Gewässer waren.

Ein beeindruckendes Beispiel für Lahnmarmor in Anwendung überfahren wir in Gestalt der **Marmorbrücke** aus dem 19. Jh. die den Ort Villmar mit dem Bahnhof der Lahntalbahn verbindet. Von Villmar bis Runkel schließlich, dem Ziel dieser Etappe, sind es nur noch vier flache Kilometer.

Also setzen wir unsere Zeitreise zwischen Auen und Mischwäldern fort. Uns gegenüber, auf der anderen Seite des Flusses, erhebt

WISSENSWERT — Konrad I. war 911 bis 918 der erste deutsche König nach den Karolingern und schlug in seinem Testament Herzog Heinrich von Sachsen statt seines Bruders zum Nachfolger auf dem Thron vor. Eine Entscheidung, die für Stabilität sorgte und so die Grundlage für ein deutsches Reich schuf.

sich ein mächtiger Kalkfelsen aus dem Wasser. Es ist die **Bodensteiner Lay,** auf der in 40 Meter Höhe ein 1894 errichtetes **Denkmal** für König Konrad I. thront.

Auf der ruhig dahinfließenden Lahn begleitet uns, passend zur Szenerie, ein nicht gerade kleines, einem großen Floß ähnliches Boot mit geblähten Segeln. Für einen Moment würde ich gerne tauschen und die Reise auf dem Fluss fortsetzen. Bis auf ein paar Kanutouren, die jedoch alle schon einige

Auch eine Möglichkeit, das Lahntal zu entdecken.

Auf der Bodensteiner Lay wacht in 40 m Höhe ein Denkmal für König Konrad I. über die Lahn.

Jahre zurückliegen, kenne ich nur die Perspektive des Radfahrers und es scheint mir reizvoll, einige Tage (und Nächte) auf dem Wasser treibend zu verbringen. In Anbetracht der Tatsache, dass es auch an der Lahn Anbieter von Hausbooten für Flussreisen gibt, ist es nicht ganz unwahrscheinlich, dem Gedanken irgendwann auch Taten folgen zu lassen.

Fährt man auf das zwischen **Westerwald** und **Taunus** liegende **Runkel** zu, lassen sich zu beiden Seiten der Lahn imposante Bauwerke entdecken. Linksseitig liegen auf einem senkrecht abfallenden Felsen die Ruinen der **Höhenburg,** der der darunterliegende kleine Ort seinen Namen verdankt. Rechts der Lahn erhebt sich aus den Ruinen einer ehemaligen Trutzburg die nicht minder beeindruckende Anlage der **Burg Schadeck** auf einem steil aufragenden Hang. Im 13. Jh. ließ Heinrich von Westerburg aufgrund von Erb- und Besitzstreitigkeiten mit seinem Vetter Siegfried V. die Burg als »eine Ecke zum Schaden der Burg Runkel« errichten. Nicht weniger beachtenswert ist die den Fluss unterhalb beider Bauwerke überspannende steinerne, auf vier Bögen ruhende **Brücke** aus dem Jahr 1448, die eine der ältesten Brücken an der Lahn darstellt, die noch in ihrem ursprünglichen Zustand erhalten sind. Die Brücke wird von allen Verkehrsteilnehmern genutzt, das schließt Pkw ein. Diese fahren in der Regel langsam, wer aber die Aussicht von der Brücke genießen möchte, nutzt besser eines der sechs Fundamente der ehemaligen **Brückentürme.**

3

BURG RUNKEL — Lange galt die mittelalterliche Burg Runkel als uneinnehmbar. Einer Sage nach beschloss ein Ritter Karls des Großen im Jahr 778, auf dem Rücken des Felsens eine Burg zu bauen, die er Ronkeval nannte. Möglicherweise ist an der Sage etwas dran, erstmals erwähnt wurde die Burg jedoch erst im 12. Jh. Unbestritten ist die Tatsache, dass die Anlage zur Sicherung der Lahnbrücke erbaut wurde. Die aufgrund ihrer Größe beeindruckende Burganlage, bestehend aus den begehbaren Ruinen der Ober- und der in Teilen noch bewohnten Unterburg, kann in 18 Stationen auf eigene Faust besichtigt werden. Geöffnet von Ende März bis Ende Oktober; Dienstag bis Sonntag, 10 – 17 Uhr

Vom **Südturm,** der über Leitern bestiegen werden kann, hat man einen wunderschönen Blick auf das darunterliegende **Lahntal.** Führt Sie Ihr Weg jedoch in die Folterkammer, werden Ihnen vermutlich das Klima und vor allem die ausgestellten Exponate eisige Schauer über den Rücken jagen. Die große Kelterpresse der ehemaligen Kellerei erzählt Geschichten aus einer

Die Burg Runkel wird
in Teilen noch bewohnt.

Leben am Fluss.

Erinnerung an historische Lahnhochwasser.

Zeit, als hier der ›Runkeler Rote‹ gekeltert wurde, eine Tradition, die erst 1929 mit einem harten Winter endete.

Im 13. und 14. Jh. wurde die Burganlage erweitert. Um die Sicherheit der Burg und der Bürger auch weiterhin zu gewährleisten, wurden ein Burggraben ausgehoben und eine Ringmauer errichtet. Letztere bildet heute die **Stadtmauer.** Darüber hinaus wurden zum Schutz der Stadt Burgmänner eingestellt, die dem rheinischen Uradel und der mittelrheinischen Ritterschaft angehörten. Zum Glück ist Runkel ein kleiner Ort und alles Sehenswerte liegt nah beieinander. Das ehemalige **Burgmannenhaus** befindet sich in der historischen **Altstadt** und ist eines von vielen sehenswerten **Fachwerkhäusern.** Sollte Sie im Verlauf Ihres Sightseeings der kleine Hunger übermannen, besuchen Sie am besten das **Altstadt-Café** in der Burgstraße. Hier kommen besonders Tortenliebhaber voll auf ihre Kosten, es werden aber auch kleine herzhafte Speisen zu vernünftigen Preisen angeboten. An Wochenenden oder Feiertagen sollten Sie allerdings etwas Zeit mitbringen, die Sie dann nutzen können, um mit Einheimischen am Nachbartisch ins Gespräch zu kommen.

NOCH FIT GENUG?

ABSTECHER

Sie haben noch nicht genug gesehen und Ihre Beine sind noch frisch genug? Dann fahren Sie doch einfach weiter bis Limburg, denn das liegt nur einen Steinwurf weit entfernt. Mein Tipp: Erkunden Sie die Altstadt des Juwels an der Lahn in den frühen Morgenstunden, wenn die Straßen noch menschenleer sind. Allen anderen wünsche ich einen wunderschönen Abend und eine geruhsame Nacht im beschaulichen Runkel.

Hotel / Pension / Unterkunft:
Hotel Restaurant Landhaus Schaaf
Einfache, saubere Zimmer und gutbürgerliche Küche
(auch vegetarisch und vegan)
Oberstraße 15, 65594 Runkel-Schadeck, Tel.: 06482-2980
info@landhaus-schaaf.de, www.landhaus-schaaf.de

Hofener Mühle
300 Jahre altes, efeuberanktes Kulturdenkmal mit Café und Gästezimmern.
Liegt etwa 2,5 km außerhalb Runkels.
Hofener Mühle 1, 65594 Runkel-Hofen, Tel.: 06482-339 oder
0176-69506461, zugast@hofener-muehle.de, www.hofener-muehle.de

Lahntours-Campingplatz Runkel
Mit italienischem Restaurant, Tipi-Dorf und der Möglichkeit
der Ausleihe von Kanus
Campingplatz 1, 65594 Runkel, Tel.: 06482-911022
campingplatz@lahntours.de, www.lahntours.de/schlummern/
campingplatz-runkel-lahn

18 km
60 Höhenmeter
1:30 Stunden
Kultur, Natur & Genuss

8. ETAPPE

EIN JUWEL AN DER LAHN

Runkel bis Diez

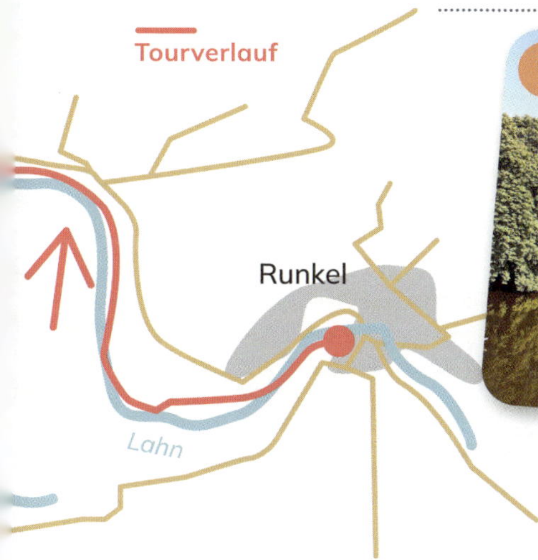

Dass diese Etappe einigermaßen kurz ist, hat einen Grund ... wir besuchen heute die Kreisstadt Limburg-Weilburgs. Und ist Weilburg die Perle, so ist Limburg das Juwel an der Lahn. Das liegt nicht nur am weithin sichtbaren Dom mit seinen sieben Türmen, wo man vom Domberg einen tollen Blick auf das Lahntal genießen kann, sondern auch an den schmalen, mitunter steilen, von allerlei schiefem Gebälk flankierten Gässchen, durch die es sich zu schlendern lohnt.

Der 34 m hohe Bergfried
der Spornburg Dehrn erhebt
sich weit über die Lahn.

HÖHENPROFIL RUNKEL → DIEZ

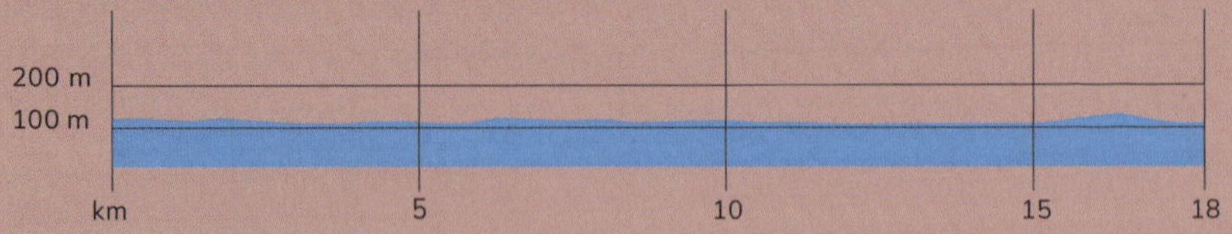

Wir starten diese Etappe unweit der **Burg Runkel** und fahren dann in westlicher Richtung aus dem kleinen Ort hinaus.

In weiten Bögen fließt die Lahn weiter durch das waldarme, sehr flache Limburger Becken und tritt bei Diez, dem Ziel dieser Etappe, in das Untere Lahntal ein. Falls Sie diese Etappe in den Sommermonaten fahren wollen, sollten Sie also auf ausreichenden Sonnenschutz achten. Die beste Reisezeit für Ihr Abenteuer an der Lahn liegt in meinen Augen zwischen April und Juni sowie zwischen September und November, denn dann hat man das Tal fast für sich allein. Reizvoll ist das Lahntal aber ganzjährig, denn der Wechsel der Jahreszeiten übt seinen ganz eigenen Zauber aus. Das Knacken des Eises in den Uferbereichen im Winter, schwere Nebel, die sich im Übergang vom Winter zum Frühling am Talboden bilden, sodass Sie von höheren Lagen auf ein Nebelmeer blicken können. Das klare Licht eines nach Heu duftenden warmen Sommermorgens und das Farbenspiel der Bäume im Herbst. Wen Kälte und Feuchtigkeit nicht schrecken, wird besonders in den Herbst- und Wintermonaten eine einsame und mystisch verklärte Landschaft vorfinden, die mal malerisch, mal unheimlich wirken mag, aber garantiert niemals langweilig.

Möglicherweise fallen Ihnen nun häufiger größere Sport- und Hausboote sowie Fahrgastschiffe auf dem Fluss auf. Das liegt daran, dass in **Runkel-Dehrn** der letzte von Lahnstein her ansteuerbare **Hafen** liegt. Zwischen Gießen und Dehrn konnte man vornehmlich Kanus, Flöße oder Boote mit geringem Tiefgang beobachten. Und auch die Landschaft verändert sich und ist stark agrarisch geprägt, im Frühling und Sommer werden die hier kultivierten Obstwiesen und Felder von Bienen und anderen Bestäubern heimgesucht. An den Seitenhängen des Flusses aber gedeihen Laubbäume und Buschwerk in scheinbarer Unordnung. Direkt am Radweg, jedoch leicht zu übersehen, liegt die ehemalige **Spornburg Dehrn** mit ihrem 34 Meter hohen **Bergfried.**

Und nur wenige Meter weiter wartet mit der **St. Lubentiuskirche** in **Dietkirchen** ein attraktives Fotomotiv auf uns.

Unter anderem ihre exponierte Lage macht die St. Lubentiuskirche zu einem attraktiven Fotomotiv.

FOTO TIPP

Der Dom zu Limburg in sanftem Morgenlicht.

Die beeindruckende, in mehreren Bauabschnitten zwischen dem 8. und 13. Jh. errichtete romanische Basilika steht in exponierter Lage weithin sichtbar auf einem steil aufragenden Kalkfelsen und beherbergt die Gebeine des heiligen Lubentius. Nehmen Sie sich die Zeit und schauen sich an, wie unterschiedlich sich die Kirche präsentiert, je nachdem, aus welcher Himmelsrichtung man sie betrachtet. Welche Ansicht gefällt Ihnen am besten? Und sind Ihnen die beiden unterschiedlich hohen **Türme** aufgefallen? Beide Türme weisen fünf Geschosse auf, jedoch steht der Südturm auf einem höheren Felssockel. Ungewöhnlich ist auch die überdachte **Holzbrücke,** die die beiden Türme miteinander verbindet.

WISSENSWERT — Wie auch die Lubentiuskirche wurde der im Jahr 1235 geweihte Dom aus Lahnmarmor weithin sichtbar auf einem Kalkfelsen erbaut. Was die Kathedralkirche des Bistums Limburg von der Kirche in Dietkirchen und von jeder anderen Kirche in Deutschland unterscheidet, sind ihre sieben symbolträchtigen, der Anzahl der Sakramente entsprechenden Türme.

Direkt an der Lahn gelegen und in den Sommermonaten beliebt: der Cargo Beachclub.

1 Es lohnt sich kaum, die Kamera oder das Smartphone wegzupacken, denn hinter der nächsten Flussbiegung erscheint am Horizont die Silhouette des **Georgsdoms,** eines (oder des) Wahrzeichens von **Limburg.**

Um in die **Altstadt** zu gelangen, fahren wir über die 106 Meter lange **Alte Lahnbrücke** aus dem 14. Jh. mit dem ebenfalls aus dem 14. Jh. stammenden **Brückenturm,** dem ältesten noch erhaltenen Vertreter seiner Art in Deutschland. Rechts der Brücke mit Blick zur Altstadt, liegt der **Cargo Beachclub.** Hier können Sie während der Sommermonate in ungezwungener Atmosphäre ausgezeichnete Cocktails mit und ohne Alkohol genießen sowie eine Kleinigkeit essen.

INFOBOX — Cargo Beachclub Limburg (Bei schönem Wetter), Am alten Brückenturm, Inselweg 1a
65549 Limburg an der Lahn
→ **www.cargobeach.de**
nina.roos@cargobeach.de.
kathrina.rausch@cargobeach.de
Montag bis Freitag 16 - 22 Uhr,
Samstag und Sonntag: 14 – 22 Uhr

Das Haus der sieben Laster befindet sich gegenüber des runden Ecks in der Brückengasse.

Die Schnitzereien am Gebäude zeigen die sieben biblischen Laster.

Auf Ihrem Weg in die Altstadt kommen Sie vermutlich in der Brückengasse am **Haus der sieben Laster** vorbei, das auch ein kleines Museum beherbergt. Plastische Schnitzereien an der Fassade des im 16. Jh. erbauten Fachwerkhauses zeigen die sieben biblischen Laster Trägheit, Hochmut, Geiz, Unmäßigkeit, Wollust, Zorn und Neid. Aufwändige Schnitzereien finden Sie aber auch an anderen Häusern in der Altstadt, denn wer es sich leisten konnte, wollte dies auch zeigen und verzierte sein Haus dem Stande gemäß.

An dieser Stelle ein gutgemeinter Rat: Damit Sie Ihren Stadtbummel im wahrsten Sinne des Wortes unbeschwert genießen können, sollten Sie Ihr Fahrrad sicher parken. Gerade an sonnenreichen Wochenenden ist die Limburger Altstadt mit ihren krummen Fachwerkhäusern, von denen einige zu den ältesten in Deutschland zählen, ein beliebtes Ausflugsziel und der Spaß bleibt beim Schieben eines Fahr-

Die Domstadt Limburg …

… schauen Sie sich am besten in den frühen Morgenstunden an.

rads in den mitunter engen, von Menschen bevölkerten Gässchen schnell auf der Strecke. Limburg ist nicht ohne Grund Mitglied der ›Deutschen Fachwerkstraße‹. In frühen Morgenstunden hat man gute Chancen, die kopfsteingepflasterten Wege mit niemandem teilen zu müssen.

Ich habe einen Vorschlag für Sie, wie Ihr kulinarisch kultureller Morgenspaziergang aussehen könnte … am besten unternehmen Sie diesen zur Sommerzeit. Da ein leerer Bauch nicht gerne wandert, führt Ihr erster Gang zur **Bäckerei**
2 **Hensler** in der Kolpingstraße 1 (Nähe Kornmarkt), dort statten Sie sich mit einem hervorragenden Kaffee und einem leckeren, noch ofenwarmen Teilchen Ihrer Wahl aus und dann schlendern Sie in Richtung **Dom.** Flach einfallendes, mildes Sonnenlicht zaubert lange Schatten auf das Pflaster des Pfarrwegs, während Sie Ihren Weg fortsetzen. Auf dem Domplatz nutzen nektarsammelnde Fluginsekten das erste Sonnenlicht des Tages, um in den Kelchen der gepflanzten Wildblumen nach Nahrung zu suchen. Bis auf das Zwitschern der Vögel ist alles still. Unterhalb des Domfelsens,

Die Kunstbäckerei Hensler versorgt Sie gerne mit Leckereien.

der vor rund 420 bis 360 Millionen Jahren entstand, ruht die Lahn, von der Sonne beschienen.

Am Dom vorbei führt Sie Ihr Weg zur **Limburger Burg** und weiter über den **Mühlberg** zurück in den unteren Teil der Altstadt. Rund um die Plötze, einen von historischen Fachwerkhäusern umrahmten Platz, öffnen gerade erste Geschäfte ihre Türen. Einen Moment verweilen Sie am **Ritter Hattstein Brunnen.**

Nördlich der **Plötze** liegt mit dem **Fischmarkt** der vermutlich älteste Teil der Stadt. Ursprünglich diente der ›Fismart‹ (Fadenmarkt) den Limburger Wollwebern als Handelszentrum. Hier können Sie einige restaurierte mittelalterliche **Hallenhäuser** bestaunen, in die mittalterliche Händler mit ihren

RITTER HATTSTEIN — Friedrich von Hattstein war seines Zeichens Raubritter, der auf der Handelsstraße von Limburg nach Frankfurt Kutschen überfiel. Limburger Kaufleute boten ihm in ihrer Verzweiflung die Stelle des Stadthauptmanns an, doch der angebotene Lohn konnte den Raubritter nicht auf den Pfad der Tugend locken. Seine Meinung änderte sich erst, als er erfahren musste, im wahrsten Sinne des Wortes Haus, Hof und alle seine Mannen in einem Scharmützel um den ›Eichelbacher Hof‹ verloren zu haben, welcher zwar von Friedrich von Hattstein und den Seinen bewohnt wurde, aber ursprünglich der Familie zu Eichelbach gehörte, die ihr Gut nun gewaltsam zurückerobert hatte.

Der ehemalige Friedhof am Domplatz.

Der Fischmarkt in Limburg.

Kutschen direkt hineinfahren konnten. Sofern sie durch die schmalen Gassen passten ... Zum Glück gab es das Limburger Maß. Was es damit auf sich hat und anderes Wissenswerte erfahren Sie im Rahmen einer 90-minütigen ›Fachwerkführung‹, die Ihnen hiermit ans Herz gelegt sei.

Limburg bietet mehr, als sich auf den ersten Blick vermuten lässt, und wer sich später nach all dem Sightseeing lieber Ruhe gönnen möchte, der kann die Etappe auch schon hier enden lassen und beispielsweise im **Gästehaus Priester** unterkommen. Für alle anderen geht es jetzt weiter nach Diez.

Haus Monreal, ein Fachwerkjuwel aus dem 15 Jh., liegt direkt an der Lahn ...

Hotel / Pension / Unterkunft:
Hotel Gästehaus Priester, Westerwaldstraße 10, 65549 Limburg
www.gaestehaus-priester.de

Das staatlich anerkannte **Heilbad Diez** schließt quasi nahtlos an Limburg an. Da wir aber der Lahn folgend in westlicher Richtung weiterfahren, bemerken wir davon nichts. Auch, dass wir die Landesgrenze zwischen Hessen und Rheinland-Pfalz soeben überfahren haben, bleibt vermutlich unbemerkt. In Diez präsentiert sich direkt nach der Ortseinfahrt links des Radweges das 1672 bis 1684 auf den Ruinen eines Benediktinerklosters erbaute **Schloss Oranienstein,** das auch das **Museum Nassau-Oranien** beheimatet.

Wie wäre es nun mit einem Besuch auf einem Friedhof? Wenn Sie etwas über die Stadtgeschichte von Diez erfahren möchten, kommen Sie um einen Besuch des **Robert-Heck-Parks** nicht herum. Noch bevor man die Innenstadt erreicht,
3 fährt man direkt am alten **Friedhof** des Städtchens vorbei. Die zwischen wucherndem Gestrüpp und dornigen Hecken stehenden Grabsteine aus Lahnmarmor tragen Ihnen unbekannte Namen. Doch hinter jedem Namen verbirgt sich eine Geschichte. Mittels QR-Codes kann man diese auf dem

... unweit der alten Lahnbrücke. Rechts das Grafenschloss.

Smartphone aufrufen und Zeitzeugen ›zu Wort kommen‹ lassen. Probieren Sie es aus und lassen Sie sich überraschen. Sie müssen Ihr Fahrrad auf Ihrer Entdeckungstour nicht mitführen, Fahrradständer befinden sich auf dem Gelände.

INFOBOX — Robert-Heck-Park, Oraniensteiner Straße 5, 65582 Diez, Eingang gegenüber Stadtwerke.

Der Besuch eines Friedhofs steht nicht auf jedermanns Bucket List.

ABSTECHER

BAGGERSEE DIEZ:

Wenn ich Diez einen Besuch abstatte, was ich gerne tue, auch wenn ich nicht gerade an der Lahn entlang radle, dann liegt das vor allem am bei **Altendiez** gelegenen **Baggersee,** dessen türkisblaues Wasser von bis zu zwölf Meter hohen Felswänden eingerahmt wird. Der ehemalige Steinbruch ist ein kleines Paradies für geübte Schwimmer, und sollten Sie an einem heißen Sommertag hier vorbeikommen, wird es eine Wohltat sein, im bis zu 18 Meter tiefen Wasser Abkühlung zu finden.

BAGGERSEE DIEZ — Baggersee Diez, bei geeigneter Witterung geöffnet Mai bis Oktober zwischen 11 und 20 Uhr (in den Ferien, an Samstagen, Sonn- und Feiertagen 10 – 20 Uhr) → **www.baggersee-diez.de**, Tel.: 06432-9884384. Der Baggersee liegt zwischen Diez und Altendiez. Am besten und schnellsten finden Sie ihn so: Nach der Überquerung der Lahn über die ›Alte Lahnbrücke‹ biegen Sie nach links in die Koblenzer Straße ein, bis zum nächsten Kreisel, und dort nutzen Sie die zweite Ausfahrt, um in die Straße ›In der Au‹ abzubiegen. Dieser folgen Sie nun, bis Sie das Freizeitgelände Baggersee Diez erreichen.

HAUS MONREAL UND JUGENDSTILTRAUM — Pfaffengasse 7, 65582 Diez, Tel.: 0171-4049696 urlaub@gaesteanwesen.de → **www.gaesteanwesen.de**

Gevatter Zufall habe ich es zu verdanken, bei meinen Recherchen zu Unterkünften in Diez auf das **Gästeanwesen an der Lahn** gestoßen zu sein. Georg C. Pick und Dennis Woesthaus haben sich mitten in der Altstadt ihren Wohntraum erfüllt und zwei Häusern mit viel Geduld und noch mehr Liebe neues Leben eingehaucht. **Haus Monreal,** ein wahres Fachwerkjuwel, wurde im Jahr 1424 vom Diezer Amtmann Dietrich von Monreal an und auf der Stadtmauer direkt am Lahnufer erbaut. **Haus Jugendstiltraum** wurde 1906 erbaut und erstrahlt heute wieder in seiner vom Jugendstil geprägten, beschwingten Schönheit. Dabei ist es komplett barrierefrei. Mit viel Liebe zum Detail wurden Malereien rekonstruiert, eine norddeutsche Villa musste rückgebaut und Dielenböden, Fliesen, Türen und Stuck an die Lahn gebracht werden. In ganz Deutschland sammelte man Jugendstilschätze, die in ihrem neuen Domizil in Diez Verwendung fanden. Die beiden Häuser teilen sich einen wunderschönen Innenhof, der zum Verweilen einlädt und über einen sicheren Fahrradabstellplatz verfügt. Insgesamt stehen in beiden Häusern sechs Ferienwohnungen und zwei Gästezimmer zur Verfügung.

Freunde mittelalterlicher Baukunst kommen in der **Altstadt** von Diez ohnehin auf ihre Kosten und wer mag, findet im **Grafenschloss** auf dem Schlossberg eine günstige und doch ungewöhnliche Unterkunft. Die herrschaftliche Höhenburg aus dem Hochmittelalter diente zunächst den Grafen von Diez, später den Grafen von Nassau als Wohnsitz und von 1779 bis 1928 sogar als Zuchthaus, in dem die Gefangenen u. a. die auf dem alten Friedhof (heute Robert-Heck-Park) stehenden Grabsteine schlagen mussten. Heute wird sie auch als Jugendgästehaus des DJH (Deutsches Jugendherbergswerk) genutzt. Aber auch das **Museum im Grafenschloss Diez** mit seiner Dauerausstellung zur Vor- und Frühgeschichte und wechselnden Sonderausstellungen findet hier Heimat.

Ein Jugendstiltraum in Diez.

FOTO TIPP

Das Grafenschloss dient heute unter anderem als Jugendherberge.

Hotel / Pension / Unterkunft:
Grafenschloss-Jugendherberge / Museum im Grafenschloss
Schloßberg 8, 65582 Diez,
diez@diejugendherbergen.de
www.diejugendherbergen.de/jugendherbergen/diez
Museum: leitung@museumdiez.de
www.museumdiez.de

Campingplatz Oranienstein
Strandbadweg 1a, 65582 Diez
Tel.: 06432-2122
info@camping-diez.de
www.camping-diez.de

- 33 km
- 300 Höhenmeter
- 2:30 Stunden
- Ausdauer & Fitness

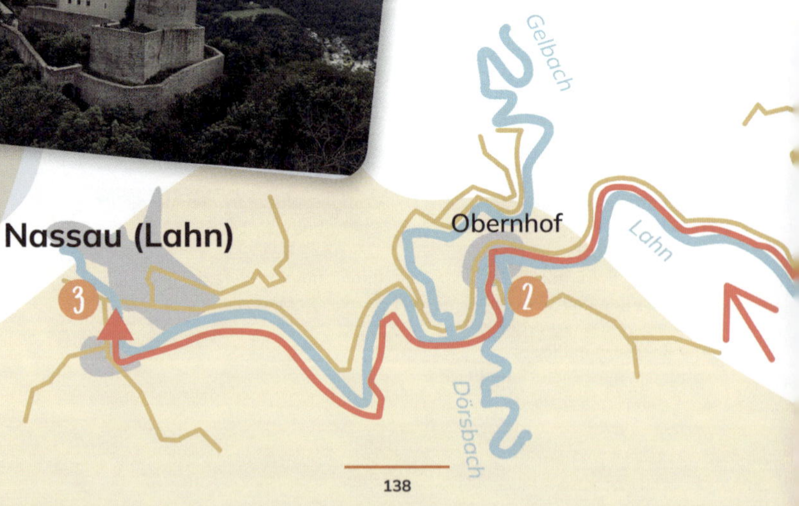

BLAUER BURGUNDER UND EIN NAMENSVETTER VON DEN BAHAMAS

Diez bis Nassau

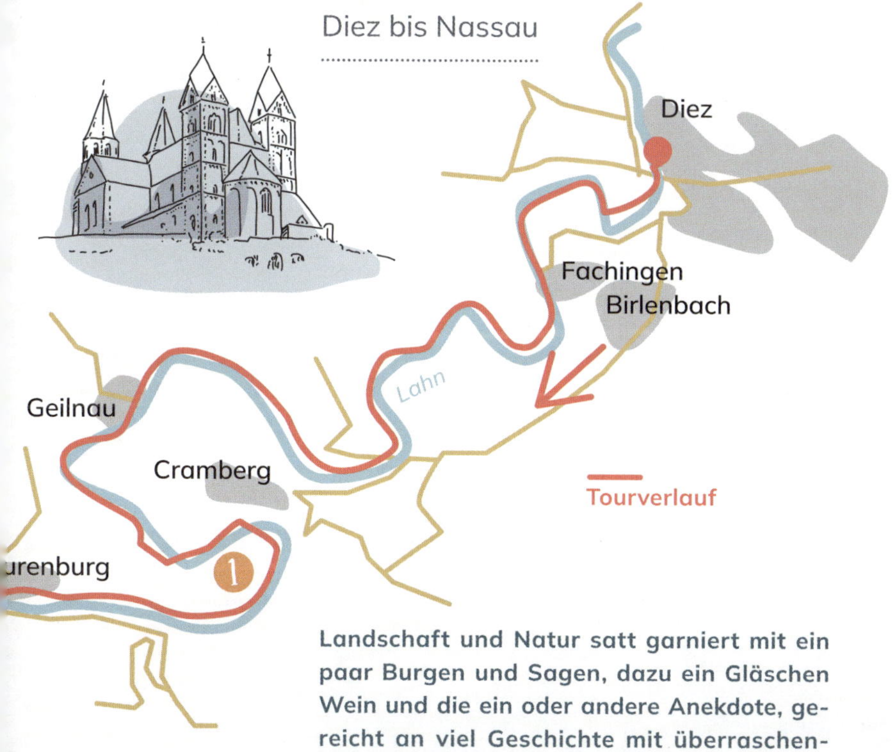

Landschaft und Natur satt garniert mit ein paar Burgen und Sagen, dazu ein Gläschen Wein und die ein oder andere Anekdote, gereicht an viel Geschichte mit überraschenden Wendungen, bis zur Wiege zahlreicher europäischer Monarchien. Diese Etappe fährt sich, wie sich ein spannendes Buch liest. Man möchte wissen, wie es weitergeht.

Diese Etappe führt oft über unbefestigte Radwege …

HÖHENPROFIL DIEZ → NASSAU

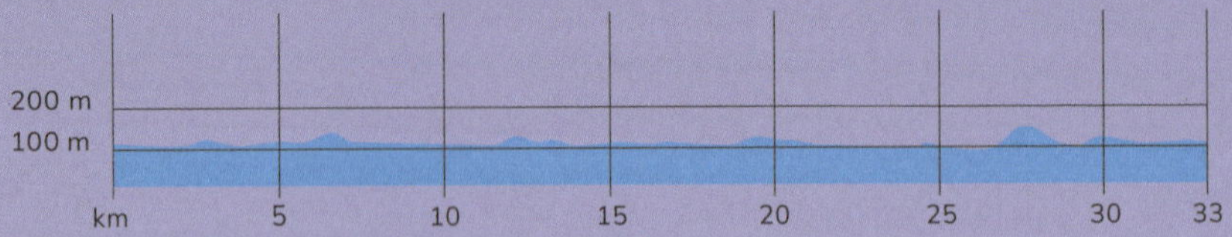

... malerisch gerahmt von Wasser und Bäumen.

Mit **Diez** verlassen wir ein Kleinod, das ein trauriges Schicksal mit anderen kleinen Orten entlang der Lahn teilt: Das Schöne wird im Vorbeifahren leicht übersehen. Und auch uns zieht es schon wieder weiter. Auf von Bäumen beschatteten, sich schlängelnden Pfaden folgen wir (dem Flusslauf) der Namenspatin dieses Reiseführers. Der Radweg präsentiert sich mal dunkel und mysteriös, mal im prallen Sonnenlicht badend. Die dadurch wechselnden Landschaftseindrücke lassen keine Langeweile aufkommen, ganz im Gegenteil. Manchmal muss man nur um eines (Aus- oder) Augenblicks willen eine Pause einlegen, die man dann auch dazu nutzen kann, einen Schluck zu trinken oder einen Happen zu essen.

Die Anstrengungen der zwar immer kurzen, doch zahlreichen und mitunter kräftezehrenden Anstiege dieser Etappe verzeiht man leicht, wenn auf eine schweißtreibende Auffahrt eine mit herrlichen Ausblicken garnierte Abfahrt

Die Ruine der
Burg Balduinstein.

Am Horizont erhebt sich stolz Schloss Schaumburg.

als Belohnung folgt. Mal knirscht es, mal schnurrt es unter den Reifen, denn geschotterte Untergründe wechseln sich mit asphaltierten ab. Und manchmal hat man den Eindruck, nicht mehr den Ufern eines kleinen Flusses mitten in Deutschland zu folgen, sondern wähnt sich in der fantastischen Kulisse eines Abenteuerromans, wenn oberhalb des Flussufers mal wieder eine mittelalterliche Burgruine auftaucht.

Wie zum Beispiel die der **Burg Balduinstein,** die im 14. Jh. von Erzbischof Balduin von Trier als Felsenburg erbaut wurde. Wohl um den in der Nähe auf Schloss Schaumburg residierenden und mit ihm verfeindeten Herren von Westerburg zu trotzen.

SCHLOSS SCHAUMBURG — Mittelalterliche Wehr- und Wohnburg aus dem 12. Jh. Die Herren der Schaumburg mussten 1319 einen Großteil ihres Territoriums an den Trierer Erzbischof Balduin abgeben. Wie auch andere Burgen an anderer Stelle wurde Burg Balduinstein mit nachlassender Bedeutung als Steinbruch genutzt.

Klänge es nicht so furchtbar abgedroschen, würde ich mich dazu hinreißen lassen zu behaupten, die Landschaft

FOTO TIPP

Brücken erleichtern die Flussquerung und bieten sich als Fotomotiv an.

links und rechts der Lahn sähe hier aus wie gemalt. Das liegt natürlich immer im Auge des Betrachters, aber da Sie augenscheinlich gerade diese Zeilen lesen und somit Bereitschaft signalisiert haben, sich zumindest gedanklich mit einer Reise an der Lahn zu beschäftigen, kann ich mir nicht vorstellen, dass Ihnen der einnehmende Charakter dieser vom Fluss durchzogenen lebhaften Natur entgehen wird.

Brücken ermöglichen uns den Wechsel von einer Flussseite zur anderen. Einige davon tragen klangvolle Namen, andere nicht. Von einem ›Lückenschluss‹ ist dann die Rede oder man sagt einfach ›Fahrradbrücke‹. Gleich zwei Brücken dieser Kategorie finden sich bei **Cramberg.** Ob es diese Brücken brauche oder nicht, darüber stritt man Jahrzehnte.

Allen Auseinandersetzungen zum Trotz fand im Jahr 2023 dann die feierliche Einweihung statt. Über die optische Qualität der Bauwerke aus Stahl und Beton mag man geteilter Meinung sein, der Wechsel der Perspektive ermög-

Der nahezu senkrecht aufragende Gabelstein befindet sich vom Radweg aus gesehen auf der anderen Lahnseite.

licht Ihnen jedoch einen guten Blick auf die **Schleuse Scheidt** in nordwestlicher Richtung sowie auf den Cramberger Bogen, eine große Lahnschleife, die in ihrer Form einer ›Krampe‹ (u-förmig gebogener Haken) gleicht und die östlich der zweiten Brücke liegt. Kurz hinter der Krümmung (Biegung) ragt der sagenumwobene **Gabelstein** nahezu senkrecht und fast 100 Meter hoch vor Ihnen auf.

> **WISSENSWERT** — Sage vom beinahe tödlichen Sturz des Graf von Schaumburg vom Gabelstein
> Der Sage zufolge kam der Graf auf dem Heimweg von Steinsberg in der Dunkelheit vom Weg ab und trieb sein Pferd auf den Felsvorsprung zu. In letzter Sekunde witterte das Tier die Gefahr, scheute und rettete damit sich und seinem Herren das Leben.

Von der **Aussichtskanzel** auf dem Felsen hat man einen wunderbaren Blick auf das **Naturschutzgebiet Gabelstein-Hölloch** und darüber hinaus sowie auf das 1926 erbaute **Wasserkraftwerk Cramberg.** Leider befindet sich der Felsen auf der gegenüberliegenden Lahnseite und man fragt sich, ob der Umweg lohnt. Um Ihnen die Entscheidung zu erleichtern, 1

Blick auf die Lahn vom Aussichtspunkt auf dem Gabelstein.

habe ich den Felsen erklommen, den Blick ins Lahntal fotografisch dokumentiert und meine Entscheidung nicht bereut.

Von **Laurenburg** bis **Obernhof** führt der Radweg parallel zur B417 meist bergab, unterbrochen nur von zwei kurzen Anstiegen. Das tatsächliche Gefälle bewegt sich zwar immer im unteren einstelligen Bereich, es reicht aber, um eine angenehme Grundgeschwindigkeit zu erlangen, und so erreichen Sie in Bälde das entzückende kleine **Winzerdorf Obernhof.** 1.200 Sonnenstunden und seine hervorragende geschützte Lage im rheinischen Schiefergebirge sorgen dafür, dass auf ca. sieben Hektar Rebflächen Riesling, Müller Thurgau und Blauer Burgunder gut gedeihen. Ob Sie nun Weinliebhabende sind oder nicht, Sie sollten in Obernhof eine kurze Rast einlegen. Zwar haben Sie vier Fünftel der Etappe bereits hinter sich, aber nun erwartet Sie der möglicherweise schweißtreibende Aufstieg zum **Kloster Arnstein.**

2 Und wen nach der Auffahrt ein kleiner Hunger überfällt, dem wird hier geholfen werden. Zwar gibt es kein reguläres

Café, aber zumindest an den Wochenenden gekühlte und warme Getränke sowie kleine, meist süße Snacks auf die Hand. Bis Nassau rollt es sich nun fast wie von selbst und auf der vor Ihnen liegenden Abfahrt können Sie sich für die Leistung, die Sie bis jetzt erbracht haben, ein wenig belohnen. Jedoch sollten Sie nicht schneller fahren, als Ihr Schutzengel fliegen kann.

Die knapp 50 Höhenmeter zum Kloster Arnstein stellen die letzte nennenswerte Kletterei dieser Etappe dar.

KLOSTER ARNSTEIN — Die Anlage wurde auf den Überresten einer ehemaligen Burg aus dem 11. Jh. erbaut. Eindrucksvoll erhebt sich die Klosterkirche mit zwei romanischen Türmen auf der West- und zwei gotischen Türmen auf der Ostseite über das Lahntal. Seit 2019 werden die Klostermauern von einer griechisch-orthodoxen Schwesterngemeinschaft mit Leben gefüllt.

Der Belag des Waldwegs ist in mäßigem Zustand und man muss jederzeit mit Gegenverkehr rechnen. Im weiteren Verlauf beschreibt unser Weg wie so oft einen Bogen und so erhaschen wir noch mal einen Blick auf die Türme des Klosters und davorliegend das Schloss Langenau. Und schon bald erreichen wir den Ort, der sich einen Namen mit der Hauptstadt der Bahamas teilt. Die hieß nach ihrer Gründung 1656 nach König Karl II. eigentlich Charlestown. Charlestown war, ebenso wie die umliegenden Inseln, ein beliebtes Piratenversteck und wurde 1684 komplett zerstört, nur um wenige Jahre später wieder aufgebaut zu werden. 1689 erhielt die Kolonie zu Ehren Wilhems III. von Oranien-Nassau (der gleichzeitig Statthalter der Niederlande und König von England, Schottland und Irland war) den Namen **Nassau.**

Und natürlich, überall dort, wo Adelsgeschlechter Hof hielten, findet man ihre Spuren, meist in Form von Schlössern oder Burgen, von denen es an der Lahn gefühlt eine unter oder besser auf jedem Stein gibt. So auch die **Burg Nassau Oranien,** deren **Aussichtsplattform** des fünfeckigen, 33 Me-

3

Vom Turm der Burg Nassau haben Sie ...

... einen unverstellten Blick auf Nassau ...

WISSENSWERT — Auf insgesamt 5 Kontinenten findet man Orte mit dem Namen »Nassau«. Damit aber nicht genug. Dem Namen ist in Nassau sogar ein eigenes Denkmal gewidmet. Kennen Sie z. B. die Herkunft des Begriffs ›nassauern‹? Ein Nassauer ist eine Person, die sich, ohne eine Gegenleistung zu erbringen, von anderen aushalten lässt. Herzog Wilhelm von Nassau stiftete an der Universität Göttingen seinen mittellosen studentischen Landeskindern einen Freitisch, doch auch Studenten mit schmalem Geldbeutel aus anderen Landesteilen hatten Hunger und gaben sich deshalb als Nassauer aus, um ein kostenloses Mahl zu erhalten.

ter hohen Bergfrieds einen unverstellten Blick über Nassau und das 150 Meter tiefer liegende Flusstal bietet. Ursprünglich diente die Burg der Sicherung der heutigen ›Bäderstraße‹, die von Wiesbaden nach Koblenz führt. Eine **Dauerausstellung** im Bergfried erzählt die spannende Geschichte der ehemaligen Wehranlage und ihrer Erbauer. Der **Turm** ist wie die **Burgschenke** vom 1. April bis 15. Oktober geöffnet und der Eintritt ist frei.

Gesehen haben muss man in Nassau auch den **Adelsheimer Hof,** der zu den schönsten Fachwerkhäusern Deutschlands zählt, sowie das **Stein'sche Schloss.** Letzteres ist das Geburtshaus eines prominenten Sprosses einer Reichsritterfamilie. Die Rede ist vom 1757 geborenen, späteren Reformer Freiherr Heinrich Friedrich Karl vom und zum Stein. Vom Park des Schlosses bis zu den Lahnau-

... und das 150 Meter tiefer liegende Flusstal.

en erstreckt sich der **Freiherr-vom-Stein-Park** und erzählt einer Zeitachse folgend vom Leben und Wirken des Reformers. Wenn Sie, müde vom Radfahren, keine Lust mehr auf Kultur und Geschichte haben sollten, gönnen Sie sich doch etwas Süßes, vielleicht im **Café Lieblingsstück?!** In lauschigem Ambiente erwartet Sie Konditorin Sonja Hölzel, um Sie mit allerhand Leckerem aus eigener Herstellung zu verwöhnen. Lassen Sie den Tag in Ruhe ausklingen, lauschen Sie den Geräuschen am Fluss und legen Sie die Beine hoch.

Hotel / Pension / Unterkunft:
Hotel, Restaurant, Café Lahnromantik
Bezirksstraße 20, 56377 Nassau
Tel.: 02604-95310, info@lahnromantik.de
www.lahnromantik.de

Campingplatz auf der Au
Auf der Au, 56377 Nassau
Tel.: 02604-2509322
camping-nassau-aufderau.de
camping-nassau-aufderau@gmx.de

21 km
120 m
1:30 Stunden
Natur, Kultur & Genuss

KLEIN NIZZA UND KEIN ENDE DER GESCHICHTEN

10. ETAPPE

Nassau bis Lahnstein

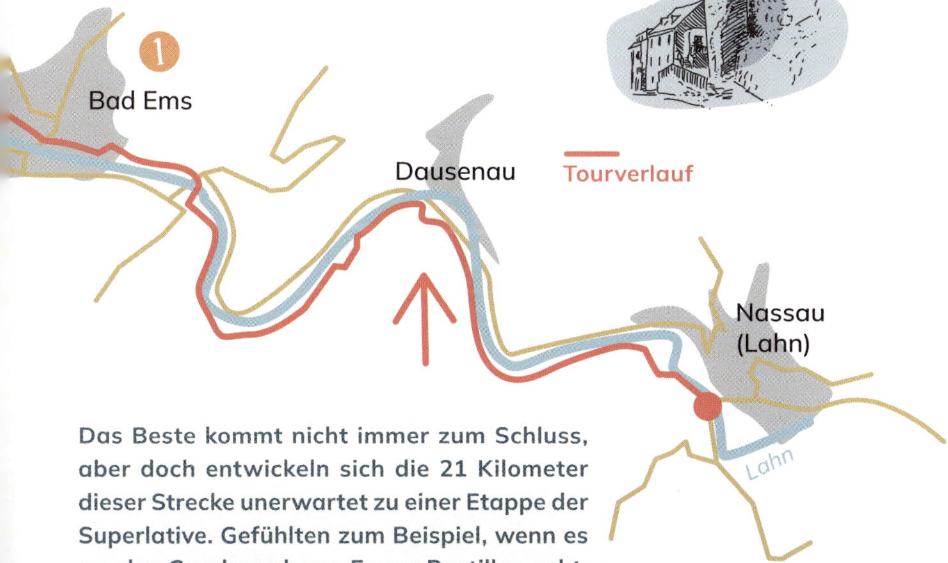

Das Beste kommt nicht immer zum Schluss, aber doch entwickeln sich die 21 Kilometer dieser Strecke unerwartet zu einer Etappe der Superlative. Gefühlten zum Beispiel, wenn es um den Geschmack von Emser Pastillen geht, und faktisch messbaren. Davon relativ unbeeindruckt setzt die Lahn stoisch ihren Weg fort und verabschiedet sich still und ohne großes Aufsehen in Lahnstein.

Die Schleuse und das Wasserkraftwerk Nassau vom Turm der Burg aus gesehen.

HÖHENPROFIL NASSAU → LAHNSTEIN

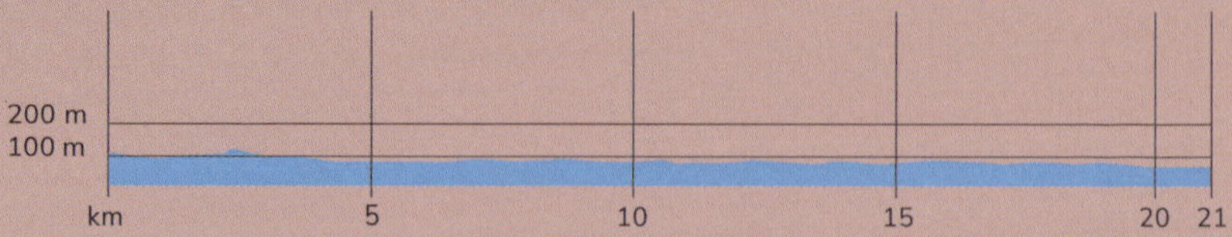

Vielleicht kennen Sie dieses ambivalente Gefühl einer Mischung aus Vorfreude und Wehmut? Vorfreude, weil man das Ziel schon vor Augen hat, und Wehmut bei dem Gedanken daran, dass es bald vorbei ist. Damit erst gar keine schlechte Laune aufkommt, kann man sich zur Zerstreuung gedanklich mit der Planung der nächsten Fahrradreise beschäftigen. Das Schöne am Urlaub vor der Haustür ist: Er ist schnell geplant und daher auch für kleine Zeitfenster geeignet, darüber hinaus spart man sich stressige Fliegerei und nicht zuletzt deshalb Geld. Argumente, die für sich wiederholende Besuche an der Lahn sprechen, sind unter anderem:

- Sie ist einer der naturbelassensten Flüsse in Deutschland,
- das Lahntal bietet eine hohe Erholungsqualität und ist im Gegensatz zu anderen Regionen touristisch nicht überlaufen und
- seit März 2024 sogar als nachhaltiges Reiseziel zertifiziert.

Blick von der Bismarckhöhe auf Bad Ems.

»Klein Nizza« nennt man diesen Gebäudekomplex am Ufer der Lahn.

Sammeln Sie Glücksmomente mit jeder Pedalumdrehung und freuen Sie sich auf das, was noch kommt, denn es bleibt spannend und erlebnisreich, also lassen Sie uns losfahren.

Schon wenige Kilometer nach dem Start der Etappe am **Campingplatz auf der Au** haben Sie Gelegenheit, einen der **schiefsten Türme** der Welt in Augenschein zu nehmen. Dieser befindet sich in **Dausenau,** jedoch nicht direkt am Radweg, das heißt, Sie müssten einen kleinen Umweg in Kauf nehmen.

5,22 Grad beträgt die Neigung des Turms. Zum Vergleich: Die Neigung des schiefen Turms von Pisa beträgt nur 3,97 Grad. Für die Schräglage gibt es mehr als einen Grund… eine Erhöhung des Grundwasserstandes durch den Bau von Stauwehren sorgte für eine höhere Feuchte des Erdreiches, zudem steht der Turm bergseitig auf Fels, zum Tal hin jedoch auf lehmigem Boden, und mit dem Rückbau der Stadtmauer verlor er eine wichtige Stütze. Siegel dokumentieren seine fortschreitende Neigung, allerdings wurde das letzte Siegel 1979 angebracht. Vermutlich steht der Turm also noch, wenn Sie daran vorbeikommen.

Auf der unvollständigen Liste der schiefen Türme Deutschlands rangiert der hier genannte immerhin auf Platz vier. Und wenn jeder Vorbeikommende ein Foto von sich und dem Turm machen und dieses in den Weiten des Internets teilen würde, wer weiß, vielleicht gälte bald der Turm von Dausenau als der beliebteste unter den schiefen Türmen.

Unserem nächsten Zwischenziel nähern wir uns nach der nächsten großen Lahnschleife. Mein Erstkontakt mit **Bad Ems** fand an einem frühen Morgen im August 2018 statt. Die Strecke des Taunus Bikepacking, einer 600 Kilometer langen Selbstversorger-Radfahrt, führte mich auch durch den kleinen Kurort. Nach einer annähernd schlaflosen Nacht dürstete es mich nach Kaffee, und wenn man in nicht mehr ganz solider Verfassung aus dem Wald in das Sonnenlicht fährt und auf einmal einen von Palmen gesäumten, mondänen ›Palast‹ am Wasser stehen sieht, ist der erste Impuls der zu glauben, man sei irgendwo falsch abgebogen.

INFOBOX — In Dausenau die Lahn über die Brücke B260 (Im Hamm) überqueren und danach rechts in die Lahnstraße fahren und dieser ca. 300 m folgen.

Dabei handelte es sich aber nicht etwa um eine Fata Morgana, sondern um einen **Klein Nizza** genannten Gebäudekomplex, bestehend aus **Kurtheater, Casino** und **Marmor-**
1 **saal,** dessen südliche, zur Lahn ausgerichtete Sonnenseite mich überraschte und beeindruckte. Bad Ems erhielt im Juli 2021 als Teil der »Great Spa Towns of Europe« die Auszeichnung als UNESCO-Welterbe. Im 19. Jh. trafen sich hier Adlige und Prominente, wie z. B. Kaiser Wilhelm I., Zar Alexander II., Jacques Offenbach, der zwölf Jahre als Konzertmeister in Bad Ems tätig war, oder der russische Schriftsteller Fjodor M. Dostojewski, der sich nach seinem Aufenthalt hier sehr davon eingenommen zeigte und ausgesprochen positiv über das weltberühmte Kaiserbad berichtete.

Bad Ems galt den genannten als Sommerhauptstadt Europas und nirgendwo kam man ihnen so nahe wie hier. Da fällt mir ein, ich hatte Superlative versprochen ... o.k., hier kommen ein paar:

- Die **Kurwaldbahn,** die das Kurgebiet in Tallage mit dem auf der Bismarckhöhe verbindet, ist mit 78 Prozent Stei-

Eine Promenade entlang der Lahn
verbindet »Klein Nizza« mit dem Kurpark.

gung eine der steilsten Standseilbahnen der Welt. Sie legt dabei einen Weg von 220 Metern zurück und überbrückt einen Höhenunterschied von 132 Metern. Von der **Bismarckhöhe** haben Sie einen fantastischen Blick auf das Stadtgebiet und das Lahntal.

- Die **Spielbank** in Bad Ems ist 300 Jahre alt und damit die älteste in Deutschland.
- Deutschlands erste **Fluss-Sauna** befindet sich in der **Emser Therme.**

Und das sind nur drei von ..., ja, von wie vielen Superlativen eigentlich? Am besten finden Sie es selber heraus.

Das Geheimnis von Bad Ems ist aber nicht nur Lage, Lage, Lage, sondern die Tatsache, dass die Kurstadt auf einem Heilquellensattel liegt und gleich 15 von ihnen in Bad Ems aus dem Boden treten. Es handelt sich dabei um alkalisch-muriatische Thermalsäuerlinge, was, Sie werden es nicht glauben, ebenfalls einzigartig in Deutschland ist. Der **Robert-Kampe-Sprudel** ist mit 57°C sogar eine der heißesten Quellen Deutschlands.

Bad Ems macht auf relativ engem Raum vieles möglich und es lohnt sich meines Erachtens, hier ein paar Tage zu verbringen. Besuchen Sie z. B. die **Emser Therme,** genießen Sie einen romantischen Abend zu zweit im **VONUNDZU** oder machen Sie mit Ihren Kindern die Trails des **Emser Bikeparks** unsicher.

Sie können sich beim Erkunden gerne Zeit lassen, denn das Ende dieser Etappe liegt zwischen einer halben und einer Stunde entfernt – je nach angeschlagenem Tempo. Sie können natürlich noch

WISSENSWERT — Das Heilwasser wird meistens für Trink- und Badekuren benutzt oder um die bekannten Emser Pastillen herzustellen. 1858 begannen der Hausverwalter Georg Hasslacher, der Kurarzt Dr. Ludwig Spengler und der Apotheker August Weber aus dem im Inhalatorium anfallenden Salzpulver Pastillen zur Linderung von Halsschmerzen und Heiserkeit herzustellen. Das Emser Salz besteht aus mehr als 30 Mineralstoffen und Spurenelementen und besonders sein hoher Anteil an Hydrogencarbonaten kann Entzündungen der Atemwege auf natürliche Weise entgegenwirken. Für mich unverzichtbar, wenn ich mit dem Rad unterwegs bin und mich mal wieder verkühlt habe.

INFOBOX — **Emser Therme**
Viktoriaallee 25, 56130 Bad Ems
info@emser-therme.de
www.emser-therme.de
Restaurant VONUNDZU
Römerstraße 8 (im Kursaal), 56130 Bad Ems
lecker@vonundzu-badems.de
www.vonundzu-badems.de
Emser Bikepark
www.emser-bikepark.de

Mit 57°C gehört der Robert-Kampe-Sprudel zu den heißesten Quellen in Deutschland.

Geschafft! Die Lahn hat ihr Ziel erreicht und vereinigt sich würdevoll mit dem Rhein.

eine kleine Pause am **Nieverner Wehr** einlegen und wehmütig den kleinen Sportbooten hinterherblicken. Aber über kurz oder lang erreichen Sie, auch wenn Sie sehr langsam
2 fahren: **Lahnstein.** Herzlichen Glückwunsch! Sie haben Ihr Ziel erreicht.

Und auch die Lahn beendet nun ihre Reise und vereint sich endlich mit Vater Rhein. Das tut sie ganz und gar unspektakulär, sie schäumt nicht, es gibt keinen Wasserfall zu bestaunen, ein großer, alter Fluss nimmt einfach einen kleineren widerstandslos im Vorbeigleiten auf. Wenn Sie mehrere oder gar alle Etappen am Stück gemeistert haben, konnten Sie beiwohnen, wie ein Fluss in Kinderschuhen seinen nicht immer einfachen Weg suchte und fand, wie er mal sprudelnd, mal langsam fließend in vielen Windungen und Bögen Meter um Meter Terrain eroberte und dabei einige Hindernisse umging, nur um nun schließlich still und gesittet seiner Bestimmung zugeführt werden. Und vielleicht geht

Ihre Reise muss nicht in Lahnstein enden. Koblenz liegt nicht allzu weit entfernt.

es Ihnen am Scheideweg wie mir und Sie hätten sich ein etwas fulminanteres Ende gewünscht. Mit ein paar Pauken und Trompeten statt stillem Einvernehmen. Aber Ihre Reise muss ja nicht zwingend hier enden. **Koblenz,** wo am Deutschen Eck Rhein und Mosel ineinanderfließen, liegt nur einen Steinwurf weit entfernt. Mit etwas mehr Zeit bieten sich Abstecher an die Nordsee oder in die Alpen an. Folgen Sie einfach dem alten Gevatter, er kennt den Weg.

Aber auch Lahnstein hält einiges Sehenswerte für Sie bereit. Die **Burg Lahneck** haben Sie vielleicht schon entdeckt. Das geschützte Kulturdenkmal aus dem 13. Jh. liegt auf den letzten Metern dieser Etappe in Fahrtrichtung links des Radwegs auf der gegenüberliegenden Seite der Lahn.

Gegenüber thront linksrheinisch und unübersehbar **Schloss Stolzenfels.** Wenn Sie noch Zeit haben, dann besuchen Sie das **Stadtmauerhäuschen,** ein barockes Fachwerkhaus, das u. a. dem Torwächter des Viehtores als Wohnhaus

Auch den alten Gevatter Rhein begleiten auf seinem Weg zahlreiche historische Bauwerke – hier Schloss Stolzenfels.

diente. Heute beherbergt das skurrile Gebäude eine Nebenstelle des städtischen **Museums** und kann im Rahmen der historischen Stadtführung besichtigt werden.

Hotel / Pension / Unterkunft:
Boutique-Hotel »Altes Rathaus«
Johannesstraße 18, 56112 Lahnstein
Tel.: 02621-6293940
Der Bahnhof Niederlahnstein befindet sich ca. 2 km entfernt von Ihrem Standort. Auf dem Weg dorthin finden sich eine Reihe gastronomischer Betriebe, in denen Sie den Abschluss Ihrer Tour gebührend feiern können.

FOTO TIPP

Burg Lahneck – der Sage nach sollen sich im 14. Jh. die letzten 12 Tempelritter in der Burg verschanzt und sich gegen die Truppen von Erzbischof Peter von Aspelt verteidigt haben.

AUTOR

Bernd Hallmann, 1970 in Friedberg geboren, arbeitet als freier Grafiker und Illustrator in Bad Nauheim. Mitte der 90er entdeckte er das Radreisen für sich und fand Gefallen an dieser unbeschwerten Art der Fortbewegung – seit 2015 schreibt er u. a. in seinem Blog darüber. Die Lahn diente ihm seit jeher als Ziel zahlreicher Ausflüge auf dem Rad, dem Kanu oder per pedes.

Blog: www.jacominasenkel.de
Instagram: @jacominasenkel

DANKSAGUNG

Ohne die Geduld und »Leidensbereitschaft« meiner Frau und meines Sohnes hätte ich dieses Buch nicht schreiben können. Und dafür wollte ich einfach mal danke sagen!
Danke Silke, danke Thore, dass ihr mich so großartig unterstützt habt! Danke fürs Mitfahren, danke für die schöne gemeinsame Zeit. 1.000 Dank auch Dir, große Schwester, für Dein großes Herz und Deine allzeit offenen Ohren. Danke Dir Juli, wo immer Du auch bist. Wir denken an Dich. Danke liebes Lenchen und grüß mir Berlin. Danke Julia für Deine engelsgleiche Geduld und die konstruktive Kritik. Danke Bruno für die schönen Illus (und alles andere). Last but not least ... Meine Mutter kann die Veröffentlichung dieses Buches leider nicht mehr erleben. Sie verließ am 28. Juni 2023 diese Welt. Danke Mama!

Lieblingsblick auf die Grüner Mühle von der Weidenhäuser Brücke.

Lieblingsblick auf die Bodensteiner Lay.

Lieblingsblick auf das Landgrafenschloss in Marburg.

Staatliche
Schlösser und Gärten
Hessen

Schloss und Schlossgarten Weilburg

Barock am Fluss

Das Schloss Weilburg mit seiner terrassenförmig gestalteten Gartenanlage liegt direkt an der Route des Lahnradweges. Entdecken Sie bei einem Etappen-Stopp wie Graf Johann Ernst zu Nassau-Weilburg zu Beginn des 18. Jahrhunderts seine Vision einer prachtvollen Residenzstadt nach französischem Vorbild Wirklichkeit werden ließ. Diese prägt das Zentrum des Städtchens, das auch als „Perle an der Lahn“ bezeichnet wird, bis heute.

HESSEN

www.schloesser-hessen.de

RADSPORTHAUS
KRIEGELSTEIN
GmbH
MEISTERBETRIEB SEIT 1925
Vereinbaren Sie Ihre
persönliche E-Bike-Beratung.
RADSPORTHAUS
KRIEGELSTEIN
GmbH
Hofheimer Str. 5
65931 FFM–Zeilsheim
Telefon 069 / 36 52 38
www.radsporthaus-kriegelstein.de

BILDNACHWEIS

Alle Abbildungen von Bernd Hallmann, außer:

S. 16, 27: www.bad-laasphe.de (Klaus-Peter Kappest)
S. 28: Von Hydro bei Wikipedia, CC BY-SA 4.0, https://commons.wikimedia.org/w/index.php?curid=44626205
S. 41, 43, 44, 45, 48, 50, 53, 54, 56, 57, 58: www.mattisunderhill.com (Mattis Weber)
S. 67, 72, 75, 76, 77, 78: GAZ / Schepp
S. 74: www.gutesoehne.de (Adis, Büttner & Kübler OHG)
S. 107: Julia Lübbecke
S. 111, 114, 135: www.daslahntal.de (Lahntal Tourismus Verband e.V.)
S. 137: www.gaesteanwesen.de
S. 138: Von Joeby, httpscommons.wikimedia.org/index.phpcurid=10513759 (Kloster Arnstein)
S. 155: www.daslahntal.de (Lahntal Tourismus Verband e.V.)